AF313415

NOTRE-DAME DE PARIS

GUIDE COMPLET

ARTISTIQUE & RELIGIEUX

PAR

M. l'Abbé C. GEISPITZ

MAITRE DE CHAPELLE A LA MÉTROPOLE

Edition non illustrée : **75** centimes.

Édition illustrée : **1** franc.

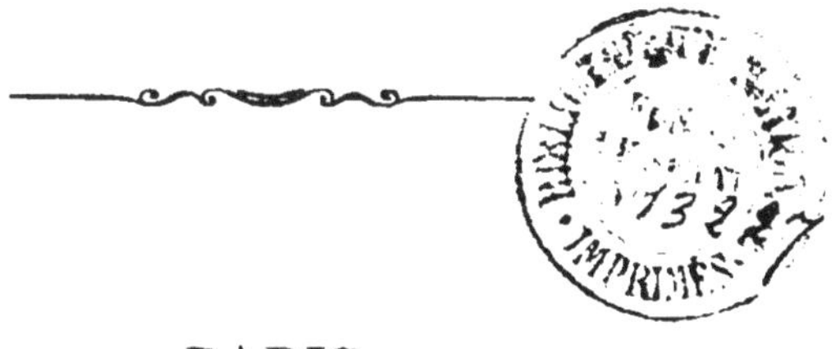

PARIS

LIBRAIRIE DE SAINT-SULPICE

F. CUROT, LIBRAIRE ÉDITEUR

22, RUE SAINT-SULPICE

1878

Tous droits de reproduction et de traduction réservés

DÉPOSÉ

PRÉFACE DE L'AUTEUR

Une monographie, quelque bien faite qu'elle soit d'ailleurs, et quelque intérêt que présente son sujet, a toujours quelque chose de froid et d'abstrait; c'est, en quelque sorte, le langage même de la pierre ou du marbre. Néanmoins « les pierres ont aussi leur langage, » langage à la fois puissant et persuasif. Si les monuments, et surtout nos églises, parlent à l'intelligence des visiteurs par la grandeur de leurs proportions, la hardiesse de leurs constructions et la régularité soutenue de leurs lignes, ils parlent aussi à leur cœur par les souvenirs nombreux et pieux qui s'y rattachent. Ainsi en est-il de Notre-Dame de Paris, regardée avec raison « comme un des plus vastes et des plus beaux monuments de l'architecture gothique. »

Mais si Notre-Dame est un musée d'architecture et de peinture, elle est aussi le sanctuaire de la Mère du Sauveur, de la protectrice de la France.

Voilà pourquoi, tout en leur faisant admirer ses proportions colossales et ses richesses intérieures, nous rappellerons à nos pieux visiteurs cette parole du Seigneur à son peuple : « *Je suis le Seigneur votre Dieu, tremblez en présence de mon sanctuaire!* » ou cette autre du Sauveur : « *Ma maison est, avant tout, une maison de prières...* » et alors, tout entiers à ces deux pensées, ils ne manqueront, dans leurs pieuses pérégrinations dans Notre-Dame, ni aux règles des convenances, ni, surtout, à la grande loi du respect.

Nous ne prétendons pas mettre sous les yeux de nos lecteurs une histoire détaillée de Notre-Dame de Paris. Beaucoup d'autres nous ont déjà précédé dans ce genre de travail, et c'est de grand cœur que nous leur adressons ici et nos félicitations et nos remercîments. Notre but a été, avant tout, de mettre entre les mains des nombreux visiteurs, un *guide sûr et complet*, des renseignements puisés aux sources les plus pures et les plus autorisées.

DIVISION DE L'OUVRAGE

Nous avons divisé notre Ouvrage en trois grandes parties : 1re partie, *Histoire;* 2e partie *Archéologie;* 3e partie, *Religion.*

EXPOSÉ DE NOTRE ITINÉRAIRE

1° Extérieur de Notre-Dame.

Sa façade principale. — Les tours. — Sa partie latérale Sud (à droite). — Son abside. — Sa partie latérale Nord (à gauche du portail principal).

2° Intérieur de Notre-Dame.

Ensemble de la nef et du chœur. — Chapelles latérales Sud (à droite). — Le transept Sud. — Le pourtour du chœur. — Les sacristies et le trésor. — Chapelles absidales Sud. — Petit chœur. — Chapelles absidales Nord. — Clôture historiée du chœur. — Intérieur du chœur et le sanctuaire. — Entrée du chœur au haut de la nef principale. — Transept Nord. — Chapelles latérales Nord (à gauche de la nef principale).

AVIS TRÈS IMPORTANT

———

Par décision du Bureau des Marguilliers, approuvée par le Conseil de Fabrique de l'église métropolitaine, le tarif des places des galeries du chœur et de la nef a été fixé ainsi qu'il suit :

1° GALERIES DU CHŒUR.

Fêtes annuelles...................
Cérémonies extraordinaires......... } 1 fr.
Fêtes solennelles et les dimanches...

Nota. — On entre par la porte placée à l'entrée gauche du pourtour du chœur.

2° GALERIES DE LA NEF.

Cérémonies extraordinaires........
Fêtes annuelles................... } 1 fr.
Fêtes solennelles et les dimanches...

Nota. — On entre par la porte (entrée des tours), placée au dehors et à gauche du portail principal.

A certaines époques de l'année, pour les grandes Conférences, par exemple, des places sont réservées au banc d'œuvre. On y entre au moyen de cartes délivrées chez M. Simon Lafond de Rieubarby, chaisier de la métropole, rue du Cloître-Notre-Dame, 10.

3° Pourtour du chœur et trésor.

Le *pourtour du chœur* est libre le dimanche et les jours de fête *jusqu'à l'issue des offices;* dans la semaine, de *six à dix heures du matin.* En dehors de ces heures, on ne peut visiter qu'avec une carte remise à la grille droite du chœur par l'un des employés de Notre-Dame, ayànt mission pour cela. Il est perçu par carte 50 centimes, et la carte est personnelle. Cette carte donne droit également à la *visite du trésor* (fermé le dimanche et les jours de fête). A la fermeture du trésor, il n'est perçu pour la visite seule du pourtour que 20 centimes.

4° Les tours.

Pour monter *aux tours*, il est perçu 0.20 cent. par personne; on ajoute 0.20 cent. pour visiter le bourdon.

INTRODUCTION

Nous sommes à Paris, la ville des mille et une merveilles, la capitale du monde entier, où, selon Guillaume le Breton, « se trouvent réunis tout ce que d'autres pays, d'autres siècles ont jamais produit de délicieux, de beau, de spirituel et de grand, tous les trésors de la science et tous les biens de la terre, en un mot, les jouissances les plus variées de l'esprit et du corps, les leçons de la sagesse, les ornements des beaux-arts, les sentiments chevaleresques et la politesse des mœurs. » Et à l'heure où nous écrivons, Paris, dans son Exposition universelle et internationale de 1878, devient comme l'expression à la fois la plus haute et la plus vraie de cette autre puissance tout intellectuelle que Dieu, dans sa sagesse et sa miséricorde, a confiée à l'homme, sa créature privilégiée. Et si, en présence de toutes ces merveilles de l'industrie, de la science et des arts, l'homme patriote entonne à la France, son pays, un hymne de gloire et d'allégresse, le chrétien ne peut s'empêcher de chanter au Dieu tout-puissant, l'auteur et le dispensateur de tout bien, une hymne de reconnaissance et d'amour.

Dès le lendemain de notre arrivée, nous commençâmes nos courses dans Paris ; Dieu sait quel en était le nombre ! Notre première visite fut pour Notre-Dame, le monument chef-d'œuvre de la capitale. N'était-il pas d'ailleurs bien juste de saluer, avant tout, et dans un de ses sanctuaires les plus augustes et les plus vénérés, Celle que nous regardons toujours, à juste titre, comme la reine et la protectrice de la France ? On l'a dit, et cette parole sera toujours vraie, n'en déplaise aux incroyants et aux impies, « le royaume de France est le royaume de Marie, *regnum Galliæ, regnum Mariæ.* »

Quels ne furent pas déjà notre étonnement et notre admiration lorsque, de l'entrée du pont Saint-Michel, nous aperçûmes à distance cette imposante cathédrale, un des plus grands et des plus beaux monuments du genre gothique, et qui, « par les vastes proportions de son ensemble, la hardiesse contenue de ses lignes, aussi robustes que gracieuses, et sa masse vigoureuse, inspire une sorte de terreur religieuse à tous ceux qui la contemplent ! » Et puis, l'histoire de Notre-Dame n'est-elle pas intimement liée à l'histoire de la monarchie française ? Sans avoir besoin de les rappeler ici, tous nos grands souvenirs nationaux se rattachent par quelque côté à Notre-Dame de Paris ; et, à toutes les époques de nos annales, nous voyons son nom béni mêlé aux noms les plus illustres et aux choses les plus merveilleuses. « Lorsque, par exemple, la victoire avait couronné la bravoure de nos armées, les voûtes de l'immense cathédrale retentissaient de solennels cantiques d'actions de grâces, et, tandis que les drapeaux pris sur l'ennemi flottaient aux galeries intérieures comme autant de trophées de notre gloire militaire, une multitude remplie d'un saint et patriotique enthousiasme était répandue dans la vaste enceinte, sollicitant par de ferventes prières de nouvelles et plus abondantes bénédictions. De même aussi, aux jours de deuil, au milieu des revers et dans les calamités publiques, des cœurs vraiment pénitents et des voix gémissantes intercédaient dans cette même église et auprès du même Dieu en faveur du salut de la France. Et, de nos jours encore, malgré la distance qui nous sépare de cet âge de foi, lorsqu'on pénètre sous ces voûtes immenses et majestueuses, l'oreille du pieux fidèle croit entendre quelques soupirs des prières d'autrefois ou le dernier murmure de l'écho des acclamations de la joie et de la reconnaissance, tant les émotions suscitées dans le cœur de l'homme par quelque pensée ou par quelque souvenir religieux sont vives et profondes (1). »

Tout entier sous le poids de ces grandes pensées et les yeux toujours fixés sur la vieille métropole, nous arrivâmes sur la place du Parvis, devenue aujourd'hui l'une des plus belles et des plus vastes places de la capitale. Là, notre admiration fut à son comble lorsque, en présence de cette façade monumentale et de ce portail merveilleux, l'une des plus belles pages de l'art chrétien au treizième siècle, nous pûmes en mesurer du regard les proportions et en étudier tous les détails. Mais, hélas ! comment, seul et sans guide, se reconnaître dans cet immense labyrinthe ? Malgré tous nos efforts, notre main serait demeurée beaucoup trop faible pour tenir jusqu'au bout le fil conducteur. Mais Dieu, dont la paternelle bonté s'étend au plus petit des oiseaux, prit aussi pitié de nous ! Nous rencontrâmes un de ces hommes, ami de l'antiquité, véritable bibliothèque vivante, qui voulut bien nous servir de *cicerone* et nous donner sur ce monument tous

---

(1) L'abbé Bourassé.

les détails les plus intéressants et les plus vrais qu'il en savait. Ce sont ces détails, chers visiteurs, que nous vous offrons aujourd'hui, trop heureux de pouvoir, à notre tour, vous être utile et agréable. D'ailleurs, vous le savez aussi bien que nous, l'axiome est là : « Les paroles s'envolent, mais les écrits restent. » Faites donc de notre petit livre, écho fidèle de ces précieux renseignements, votre guide et votre lumière, et vous entrerez davantage dans l'intimité des détails, et vous emporterez de votre visite à Notre-Dame de Paris le souvenir à la fois le plus précieux et le plus complet.

PREMIÈRE PARTIE

HISTOIRE

**Origine de Notre-Dame. — Son histoire
jusqu'à nos jours**.

L'origine de Notre-Dame de Paris se perd
dans la nuit des temps. Il faut remonter aux
premiers siècles du christianisme dans les Gaules
pour en rencontrer les premiers vestiges ; et encore se montrent-ils à nous sous la double enveloppe du doute et de l'obscurité. De là, ces mille
et une conjectures plus ou moins vraisembla-
bles auxquelles se livrent bien souvent bon nom·
bre d'auteurs ; de là aussi, ces traditions plus ou
moins certaines auxquelles ils cherchent à se
rattacher. Sans doute, saint Denis, que l'Eglise
de Paris reconnait à juste titre pour son premier évêque, a cimenté de son sang la foi qu'il
était venu implanter dans les Gaules ; mais,
alors, comment admettre que les premiers chrétiens de Paris eussent pu déjà, à cette époque de
lutte et de persécutions, élever au Dieu qu'ils

avaient appris à connaître un monument assez splendide et assez considérable pour que Fortunat, évêque de Poitiers, le compare, dans son enthousiasme poétique « au temple de Salomon pour la délicatesse de l'art et la richesse des ornements ?... » Nous savons, par l'histoire, qu'à cette heure difficile les prêtres et les fidèles se réunissaient dans la crainte et le silence pour offrir à Dieu leurs prières et célébrer les saints mystères. La religion, comme son divin auteur, devait passer quelques jours au sein de la terre pour en sortir ensuite et plus radieuse et plus féconde. Et, en effet, « le premier oratoire où saint Denis réunissait les néophytes de Lutèce, fut une crypte inconnue, comme cela se faisait partout. » Il était prudent alors de se soustraire aux recherches et à la haine des ennemis du nom chrétien. De là cette incertitude sur l'origine, le nom et la situation de cette première basilique du peuple de Paris. C'est à l'époque, à jamais glorieuse pour l'Eglise, où Constantin arbora l'étendard sacré de la croix, et où Clovis, le guerrier franc, courba sa tête altière sous le joug bienfaisant de la religion chrétienne, que la paix fleurit dans nos provinces, et avec la paix le développement des idées et le progrès dans les arts. Alors, et alors seulement, selon la remarque de plusieurs auteurs, confirmée depuis par l'histoire, « la foi des chrétiens s'épanouissant au milieu des contrées gallo-romaines, les basiliques religieuses eurent chez nous droit de bourgeoisie, et s'introduisirent avec le temps dans les murs de la Cité. »

Quelles que grandes que soient d'ailleurs et l'incertitude et l'obscurité de ces commencements, nous savons, par la vie même de saint Marcel, que déjà, vers la fin du quatrième siècle, « une église existait dans la cité de Paris, sur le bord de la Seine, et vers la pointe de l'île, du côté de l'Orient. » On croit généralement que ce fut cette même église qui, dans les siècles suivants, fut reconstruite par la pieuse munificence du roi Childebert Iᵉʳ, et à la prière de saint Germain, alors évêque de Paris.

Ne cherchons pas à savoir ce que devint cette basilique dans le long intervalle qui sépare le sixième siècle du douzième. Nous nous perdrions en de vaines et inutiles conjectures. « Il résulte assez clairement du rapprochement de plusieurs textes très anciens, tels que ceux de Grégoire de Tours et d'Aymoin, que, dès la fin du sixième siècle, la cathédrale de Paris se composait de deux édifices très voisins l'un de l'autre, mais parfaitement distincts et quant aux proportions et quant aux détails; l'un du titre de Saint-Étienne et le plus important, situé vers la partie méridionale de l'église actuelle ; l'autre, placé un peu plus à l'Orient et vers le Nord, portait le titre de Sainte-Marie (1). »

C'est dans la nef de Saint-Etienne que se tint, en 829, le célèbre concile de Paris ; ainsi l'attestent les actes qui en ont été conservés.

« Les hordes descendues du Nord, qui désolèrent à cette époque tant de contrées, ruinèrent aussi l'église de Paris (875). Lorsque la tranquillité fut rendue au pays par la conversion de Rollon, duc de Normandie, l'église se releva bien vite de ses débris ; et, grâce aux réparations et aux restaurations successives, elle parvint jusqu'à l'épiscopat de Maurice de Sully, c'est-à-dire, en l'année 1164. »

Ici, nous sortons de ce que nous pourrions appeler, avec certains historiens, l'ère des fictions, et nous touchons, pour Notre-Dame, aux époques vraiment historiques. Le 62e successeur de saint Denis, Maurice de Sully, un des plus illustres prélats qui aient gouverné l'Eglise de Paris, était à peine monté sur le siége épiscopal, que déjà il concevait le projet de reconstruire sa cathédrale, qui tombait d'ailleurs de vétusté, « sur un plan tout nouveau et dans des

---

(1) *Description de Notre-Dame de Paris*, par M. Guillermy.

proportions beaucoup plus vastes », réunissant
les deux églises jusqu'alors séparées. D'après
son plan, Notre-Dame devait s'étendre plus loin
et s'élever plus haut, L'église qui existait
alors n'était, en effet, selon lui, ni digne
de la France, ni suffisante pour Paris. « Il
cédait sans doute, en cela, à l'entraînement
si remarquable alors, qui lançait le monde dans
des voies extraordinaires et inconnues. » Quoi
qu'il en soit, secondé dans son entreprise par le
zèle toujours croissant du peuple et par les lar-
gesses incessantes des princes, Maurice jeta sur
l'emplacement déjà consacré par la prière des
siècles précédents, les fondements de cette immense basilique, aujourd'hui l'une des gloires
de l'architecture du treizième siècle.

Suivant le récit du moine d'Auxerre, la première pierre de la nouvelle église aurait été
posée en 1163, par le pape Alexandre III, alors
de passage en France.

Nous détachons une page de la vie de Maurice
de Sully, écrite par M. l'abbé Baunard. Les détails, pleins de charmes et de vérité qu'il nous
donne sur ses premières années, ne pourront que
nous confirmer dans cette pensée consolante du
grand Apôtre, que bien souvent, pour ne pas dire
toujours, Dieu, dans l'administration de ses biens,
« choisit ce qu'il y a de plus faible aux yeux

des hommes pour confondre les plus forts... (1) »
Maurice « reçut le jour dans une pauvre chau-
mière, sur le bord de la Loire, à l'ombre du
château féodal des Sully. C'était dans les premières années du douzième siècle. Il avait pour
mère Humberge, femme simple et aimante, dont
la bonté laissa dans l'âme de son fils un souvenir attendri que rien ne put effacer. C'est à
l'école de cette mère et à l'école moins douce de
l'indigence que Maurice reçut les leçons qui forment les âmes fortes et les grands cœurs. On
raconte que, chaque matin, le jeune enfant s'en
allait mendier par les villages, de château en
château, de couvent en couvent, et il recevait
beaucoup, car il avait en lui je ne sais quoi de
bon qui fascinait les cœurs et attirait l'aumône.
Sa misère était digne; parfois même elle savait
être fière. Un jour qu'il se présentait à la porte
d'une riche maison de la contrée; le maître,
saisi de la noble assurance de l'enfant, lui dit,
pour le tenter : « Maurice, je te donnerai ce
que tu me demanderas si tu veux renoncer à
être évêque. » Maurice réfléchit, puis très résolûment déclara qu'il ne renonçait à rien de ce
que lui promettait l'avenir. Le jeune mendiant
se connaissait, et, avec le signe de Dieu, qui, de

____

(1) I. Cor., I, 27.

son côté, l'appelait à de grandes choses, il portait déjà dans la conscience de son génie le pressentiment de sa grandeur future... C'est cet enfant pauvre et obscur qui devait laisser, à travers les siècles, une impérissable trace de son passage ; et Notre-Dame, qui naquit, en quelque sorte, sous son inspiration, demeure dans l'histoire de l'art chrétien comme la plus belle page qui ait été écrite en sa faveur. Car, s'il est vrai que la beauté est la grâce dans la force, nulle œuvre de main d'homme ne porte plus ce caractère que cette construction de géant, où la richesse des formes n'ôte rien à l'imposante majesté de la masse. Maurice a traduit là toute la pensée de son temps : puissance et poésie. N'était-ce pas aussi l'image de son âme ? Notre-Dame est à la fois une forteresse féodale et une maison de prière. D'autres grandes églises prient mieux, montent davantage à Dieu. Notre-Dame est assise; c'est la reine de la terre autant que celle du ciel. Elle trône dans l'île bénie, d'où elle semble prendre possession de la France, pour étendre sur elle son sceptre virginal et lui donner des lois de miséricorde et d'amour. »

Maurice avait à cœur d'avancer rapidement dans l'exécution de son hardi projet; mais il n'avait pas compté avec la mort. Aussi, malgré son ardeur infatigable et son bouillant entraînement, il mourut, laissant inachevée une œuvre qui devait dire aux générations suivantes et son zèle pour la gloire de Dieu et son amour pour le salut des âmes.

Sans doute, les travaux se poursuivirent sous le gouvernement de ses successeurs, et surtout sous le gouvernement immédiat d'Eude de Sully ; mais alors les guerres, les discordes intestines et les malheurs publics vinrent à leur tour paralyser les efforts de ces âmes grandes et généreuses, toujours occupées des intérêts matériels et spirituels de l'Eglise. C'est ce qui explique cette variation dans les travaux de construction, en dépit de laquelle, hâtons-nous de le dire, « cette majestueuse cathédrale offre aux visiteurs une unité vraiment surprenante. » Suivant les auteurs les plus autorisés, « la construction du chœur de Notre-Dame remonte au douzième siècle ; celles de la nef, de la façade principale et du portail Sud au treizième ; celles du portail septentrionnal au quatorzième. Quant aux chapelles absidales, elles s'achevaient à la fin du treizième siècle et au commencement du siècle suivant. Enfin, du quatorzième au dix-huitième siècle, la cathédrale paraît avoir conservé intacte sa physionomie première. « Mais, l'exécution du vœu de Louis XIII ouvrit pour la vieille église, en 1699, une série de change-

ments et de mutilations qui se sont succédé
sans interruptions sous les règnes de Louis XIV
et Louis XV jusqu'aux jours de la Restauration.
Il était de mode, paraît-il, à cette époque de dé-
cadence, de mépriser le moyen âge et ses œuvres.
Et si nous en croyons certains auteurs : « c'est
à l'influence de ces regrettables préjugés qu'il
faut attribuer la suppression des belles stalles
du chœur, œuvre admirable du quatorzième
siècle, du jubé et de la clôture à jour du rond-
point, ainsi que l'antique maître-autel de Maurice
de Sully, en un mot, toutes ces richesses intérieures qui trouveraient encore bien leur place
dans ce magnifique reliquaire de l'art chrétien. »
Depuis, et à travers les siècles qui nous éloi-
gnent de ses origines, Notre-Dame de Paris a
souffert des injures du temps, mais beaucoup
plus encore des injures de l'homme et de ses
passions. Un de nos poëtes l'a dit :

. . . .
« Craignez qu'en fuyant les autels
Il (l'homme) n'efface, dans sa démence,
Ces progrès qu'on dit éternels :
Les lois, les mœurs et la science (1). »

« Le temps a donné au monument cette teinte
obscure, signe respectable de l'antiquité que

---

(1) A. Marlière.

l'on aime d'ailleurs à retrouver dans ces nobles édifices bâtis par une religion immortelle qui ne pense qu'à l'éternité.

« L'intempérie des saisons, la rigueur des éléments, la violence des tempêtes, avaient altéré la pureté de quelques parties accessoires. Mais les orages politiques, toujours plus violents, y avaient laissé des traces d'une fureur aveugle et d'efforts insensés (1). » Mutilée au dehors, dépouillée au dedans, l'église de Maurice de Sully, de Philippe-Auguste et de Saint-Louis devint le temple de Vénus et de Bacchus, le temple décadaire de la Raison; et les chrétiens de Paris venaient pleurer sur les chers débris de leur unique basilique. Plus tard, en 1871, des enfants dénaturés, les fils de la Commune, durent à leur tour frapper l'Eglise, leur mère, et nous savons les efforts qu'ils firent pour la renverser. Mais, soutenue par la main de Dieu, dont elle est le temple visible, la cathédrale de Paris est restée debout au milieu de l'orage; c'est cette tour d'ivoire, emblême de la force, image fidèle de la puissance de Notre-Dame du ciel, et qui commande en souveraine aux vents, aux tempêtes et à la mer. Plus d'une fois, dans la marche précipitée des siècles,

____

(1) L'abbé Bourassi.

Notre-Dame a été le témoin de ces grandes et imposantes cérémonies dont le souvenir se perpétue à travers les âges. C'était, en 1552, le mariage de François II, roi de France, avec Marie Stuart; en 1804, le sacre de Napoléon Ier, présidé par le pape Pie VII; son mariage; en 1816, le mariage du duc de Berry et le baptême du duc de Bordeaux; en 1842, le service funèbre du duc d'Orléans, fils aîné de Louis-Philippe; en 1853, le mariage de Napoléon III; en 1857, le baptême du prince impérial; enfin, en 1878, le service funèbre à l'occasion de la mort du souverain pontife Pie IX. Notre-Dame a vu un certain nombre de sacres d'Evêques (1).

Disons, en terminant cette première étude, « que les prélats qui se sont succédé sur le siége de Paris, depuis le Concordat de 1802, les princes qui ont gouverné la France, les administrateurs qui ont été chargés des grands intérêts de la ville de Paris et du département de la Seine, ont tous fait les plus louables efforts pour rendre à Notre-Dame son antique magnificence... Ce fut en 1845 que le gouvernement, répondant aux saintes inspirations et aux nobles senti-

(1) Voir les Annales. Notice sur Notre-Dame par Dubus, publiée par la maison Bray.

ments qui lui avaient été plus d'une fois déjà exprimés, en confia les travaux de restauration à MM. Lassus et Viollet-le-Duc. Sous l'habile direction de ces deux hommes, formés depuis longues années déjà « à la pratique de notre vieil art ñational, » l'antique métropole vit renaître les splendeurs de ses plus beaux jours. A ces noms bien connus, nous ajouterons celui de M. Queyron, aujourd'hui inspecteur des travaux de Notre-Dame. On ne saurait donc assez remercier et féliciter le gouvernement de cette époque, qui a si heureusement conçu et réalisé la restauration de cet incomparable édifice. En lui rendant sa pureté et sa fraîcheur, il a rajeuni le principal foyer de nos traditions religieuses et nationales, et donné aux générations à venir un éclatant témoignage du respect et de la reconnaissance que nous imposent les grandeurs du passé. Ces jours, heureusement, se poursuivent encore pour elle : Notre-Dame de Paris, à l'heure où nous écrivons, reçoit chaque jour un nombre incalculable de visiteurs, heureux d'examiner la beauté de ses traits, de mesurer la grandeur de ses proportions, et surtout de déposer à ses pieds l'hommage de leur foi et de leur respect...

Il est encore un nom auquel nous devons payer ici une dette de reconnaissance, c'est le nom toujours bien cher de M. de Place, mort archiprêtre de Notre-Dame. Nous savons avec quel zèle et quelle persévérance il plaida pendant plusieurs années la cause de Notre-Dame. On doit, en effet, à M. de Place, la restauration de la magnifique couronne de chapelles que nous allons admirer, une partie du trésor et certains autres embellissements intérieurs. Aussi, sa mémoire restera-t-elle toujours chère dans le souvenir de ceux qui aiment l'art et la religion.

DEUXIÈME PARTIE

ARCHÉOLOGIE

ARCHITECTURE — PEINTURE — SCULPTURE, ETC.

I. — Extérieur de Notre-Dame.

Notre-Dame de Paris présente, dans son ensemble, la figure d'une croix latine, dont les dimensions principales sont : développement de la façade, 120 pieds ; longueur totale dans œuvre, 390 pieds, et largeur, 144 d'une extrémité du transept à l'autre. La hauteur des maîtresses voûtes, depuis le sol jusqu'à la clé, est de 104 pieds, et de 100 pieds de plus pour la hauteur totale des tours... La disposition générale du plan est grande et noble, et les proportions en sont heureuses. Aussi « quelle différence de grandeur, d'élancement et de véritable noblesse entre cet édifice et les autres monuments qui embellissent la capitale! Tel est le privilége de l'architecture catholique. Affran-

chie, déliée en quelque sorte par la rédemption
qui s'est étendue à toutes choses, elle donne des
ailes à la matière, et, comme une prière, elle
monte vers le ciel. » Son extérieur, sans doute,
n'offre pas la hardiesse des beaux monuments
du style ogivale, et, malgré les sculptures mul-
tipliées qui la décorent, la lourdeur antique,
l'inquiétude de l'élan s'y trahissent de toutes
parts. Cependant, en présence de cette vieille
basilique, l'âme chrétienne semble se dégager
des choses de la terre à mesure qu'elle s'élève
avec elle vers la croix qui domine la nouvelle
flèche.

FAÇADE PRINCIPALE

Aucune de nos grandes cathédrales ne possède une façade plus monumentale et plus majestueuse que celle de Notre-Dame. Les vastes
proportions de son ensemble, son aplomb co-
lossal et le style mâle de tous ses détails en font
une masse imposante et vigoureuse qui absorbe
toute l'attention, excite l'admiration et commande le respect. « Le caractère principal et le
mérite réel de cette prodigieuse construction
résident, avant tout, dans la sévérité des lignes
et dans cette symétrie toute grandiose, étran-
gère aux monuments de l'époque précédente. »
Enfin « quand on passe à l'étude de tous les dé-

tails, on se sent à la fois surpris et charmé de rencontrer auprès de tant de force, tant de délicatesse dans l'ornementation, tant de finesse dans la sculpture, tant d'ingénieuses recherches dans la composition et dans l'arrangement des figures et des bas-reliefs! »

La façade principale de Notre-Dame présente, à sa partie inférieure, trois grandes ogives à voussures profondes mais inégales, peuplées de figures, partagées chacune en deux baies carrées par un pilier trumeau et surmontées de tympans sculptés. Ces trois grandes ogives, qui forment les trois portails principaux, servent d'entrée aux nefs intérieures.

PORTAIL CENTRAL

Dans le tympan du *Portail central* se déroule majestueusement la scène du Jugement, sujet à la fois grandiose et terrible, page redoutable mais salutaire pour quiconque sait la comprendre et la méditer. Puisse-t-elle rappeler au visiteur le respect qu'il doit avoir dans l'Église, le temple du Seigneur, la maison par excellence de la prière. Le Christ, adossé au trumeau, tient dans ses mains le livre de vie, et ses pieds reposent sur l'une des scènes principales du Paradis terrestre. A ses côtés, les douze apôtres, appelés à juger avec lui les douze tribus d'Israël. Les vertus et les vices, principes de vie ou de mort, y sont aussi personnifiés. Plus haut, le fils de Dieu est assis dans sa gloire, et tout autour de lui, dans une hiérarchie toute mystérieuse, les Anges, les Thrônes et les Dominations, les prophètes, les martyrs, les docteurs et les vierges; Marie, la Vierge-Mère, et saint Jean, le disciple bien-aimé, à genoux et dans l'attitude de la prière. A droite, les élus conduits par les anges, ministres du Seigneur, s'en vont prendre possession du royaume qui leur a été préparé et qu'ils ont su conquérir au prix des plus héroïques sacrifices; à gauche, les réprouvés, plus que jamais au pouvoir des démons, sont précipités dans les enfers, emportant avec eux tout le poids de leurs désordres et de leurs crimes. « Généralement raide et glacé dans le moyen âge, l'art du statuaire s'est animé dans cette scène sous une inspiration vraiment extraordinaire. » De chaque côté, et sur des pilastres, se dressent les statues couronnées de la Foi et de la Religion... Les autres décorations du portail principal et des portails latéraux rappellent le plus souvent quelques traits de l'Ancien-Testament, de l'Evangile ou même de la Vie des saints; de même que, dans la longue série de médaillons placés sous l'embasement des grandes statues, et en forme bas-reliefs, on retrouve des allégories et des emblèmes. Enfin, la voussure de ce même portail, avec ses nombreux cordons sculptés, est certainement une des plus belles et des plus importantes qui existent. On rencontre encore de temps en temps quelques traces d'anciennes dorures.

PORTAIL DE LA VIERGE

Le *portail de gauche*, au pied de la tour du Nord, est plus connu sous le nom de *portail de la Vierge*. Par un défaut de symétrie que les auteurs n'ont encore pu expliquer, la baie en est moins élevée que celle du portail Sainte-Anne, placé au bas de la tour méridionale. Sur le pilier - trumeau s'élève une statue de la Vierge-Mère, que l'on croit être du quinzième siècle. Dans la main de l'Enfant Jésus, un globe et un lion endormi, sans doute le lion de la tribu de Juda. Le coffre précieux qui repose au-dessus de la tête de la Vierge, et sur un riche édicule, est l'image de l'Arche d'alliance, dont Marie a pris le titre. Un certain nombre de prophètes, plus particulièrement ceux qui ont annoncé les gloires de Marie à travers le monde, forment comme sa couronne. De chaque côté, des statues de saints du treizième

siècle, et appartenant à l'histoire de l'Eglise de
Paris, forment, avec les signes du zodiaque, un
ensemble des plus gracieux et des plus saisissants. Disons, pour être complet, que ce portail est, dans son ensemble, et surtout dans ses
détails, d'une exécution bien supérieure à celle
du portail Sainte-Anne. Il semblerait que, sous
le ciseau inspiré de l'artiste, la nature tout entière se soit donné le plus cordial rendez-vous
pour célébrer les grandeurs et chanter les victoires de Celle qui fut associée avec Jésus, son
fils, à l'œuvre par excellence de la Rédemption.
« Le zodiaque et les allégories qui s'y rapportent
ont ici, plus que partout ailleurs, leur raison
d'être. Ils présentent un tableau moral et complet, dont le but est d'indiquer au peuple les
obligations auxquelles il est astreint depuis la
chute du premier homme. »

PORTAIL DE SAINTE-ANNE

Le portail de droite, appelé *portail de Sainte-
Anne*, « appartient à la période de transition du
style roman au style ogival; et les fragments
dont il se compose semblent venir d'un édifice
plus ancien qu'aucune des autres parties visibles de l'église actuelle. » Son genre de construction offre quelque ressemblance avec certaines

parties de la basilique de Saint-Denis. Au sommet du tympan, la Vierge est gracieusement assise auprès de la crèche; elle reçoit les Rois Mages venus d'Orient pour adorer l'Enfant Jésus. De chaque côté, saint Pierre, saint Paul, le roi David, Salomon, Bethsabée et Saba, symboles bibliques de l'Eglise, et d'autres personnages appartenant à la généalogie royale de la Vierge. La figure longue et mince adossée au pilier trumeau est celle de saint Marcel, neuvième évêque de Paris. Le saint prélat foule aux pieds la tête d'un monstre... Dans les zones du tympan se mêlent avec un certain désordre l'histoire de sainte Anne et celle de la sainte Vierge... Les deux statues placées sur les deux contre-forts de la façade, sont celles de saint Etienne et de saint Marcel.

Ne quittons pas la façade de Notre-Dame sans admirer les magnifiques pentures de fer forgé qui recouvrent les vantaux de bois des trois portes principales. « Travaillées en arabesques très légères, fleurs et feuillages, et ornées de rinceaux et d'animaux, » elles tiennent certainement le premier rang des pièces capitales de la serrurerie des douzième et treizième siècles. L'enduit rouge sur lequel elles reposent en fait ressortir davantage l'ingénieuse disposition et la beauté des détails...

GALERIE DES ROIS

Au-dessus des trois grandes voussures de la façade se dessine majestueusement et dans une harmonie parfaite, la célèbre *galerie des Rois*. Les auteurs ne sont pas tous d'accord sur la signification exacte de ces figures. Sont-ce des rois de France ou des rois ancêtres de la Sainte-Vierge et de Jésus-Christ? « Une ancienne inscription, dit-on, relate les noms des premiers rois de France depuis Clovis jusqu'à Philippe-Auguste. » Quoi qu'il en soit de cette divergence de sentiments, nous pouvons croire avec certains auteurs que des exceptions ont pu être faites en faveur de Notre-Dame, la maîtresse Eglise de la capitale... (1).

GALERIE DE LA VIERGE

Cette première galerie est surmontée par une balustrade, à laquelle on donne ordinairement le nom de *galerie de la Vierge*. Au centre, la statue de Notre-Dame, entourée de deux anges priant à ses côtés, et sur la balustrade, devant les trumeaux des deux belles portes en

---

(1) Nous retrouvons dans trois de ces personnages les portraits des trois architectes chargés de la restauration de Notre-Dame.

ogives des tours, les statues d'Adam et d'Eve. Ces statues ont leur valeur artistique.

Au-dessus de cette balustrade et entre les deux galeries se présente la fenêtre circulaire de la façade, appelée rose, et dont les vitraux supérieurs ont seuls échappé à la tourmente de 93. Elle mesure quarante pieds de diamètre et représente, dans ses magnifiques médaillons, certains signes du zodiaque, les emblèmes des saisons et divers sujets tirés de l'Ecriture Sainte.

Les autres façades latérales de l'Eglise sont percées d'une fenêtre de pareille grandeur et d'un travail non moins délicat. « Les trois roses de la cathédrale de Paris, dit l'abbé Bourassé, sont trois chefs-d'œuvre qui peuvent rivaliser avec les plus admirables compositions du même genre. Sans doute, il en est de plus originales, mais on n'en rencontre nulle part de plus riches et de plus harmonieuses... La rose gothique n'est-elle pas le plus radieux épanouissement de cette luxuriante végétation de chapiteaux, de clochetons et de fenestrage qui brille dans l'édifice chrétien ? »

Quant aux autres fenêtres qui règnent dans la partie supérieure de la nef ou dans les galeries, ce sont aujourd'hui de magnifiques gri-

sailles qui projettent à l'intérieur de l'édifice
les feux les plus riches et les plus variés...

COLONNADE

Immédiatement au-dessus de la grande rose
et des fenêtres latérales se dresse une magnifique colonnade qui sert comme de couronnement à la façade et forme péristyle entre les
deux tours.

« Les fûts de ces colonnes, au nombre de
trente-quatre, aussi remarquables par leur légèreté que par leur élégance, sont chacun d'une
seule pierre et supportent, malgré l'extrême
ténuité de leur diamètre, tout le fardeau de la
galerie supérieure. »

Ce travail passe, avec raison, pour l'un des
plus hardis dans la construction de Notre-
Dame...

TOURS

Enfin, les deux tours carrées qui s'élèvent au-
dessus des portiques, et qui remontent au treizième siècle, sont elles-mêmes revêtues des ornements « qui font toute la richesse et la beauté
du style ogival du second ordre. » Elles forment
trois étages et sont percées de deux croisées
ogivales à double vantaux. Elles mesurent

62 mètres de hauteur et la façade mesure 42 mètres 60 centimètres de largeur. L'escalier qui conduit à la plate-forme supérieure n'a pas moins de 385 marches ; il est pratiqué dans l'intérieur même des tours. « L'étage inférieur forme un porche en avant des collatéraux de la nef ; et, dans les étages supérieurs, on y voit de vastes salles voûtées. Chacune de ces salles contient, dans un de ses angles, un escalier remarquable emprisonné dans une tourelle de pierre percée à jour. » Les deux tours de Notre-Dame semblent égales en hauteur, et l'œil n'y saisit tout d'abord aucune différence ; cependant, après examen fait, la tour méridionale (ou de droite) est moins volumineuse que celle du Nord. On en ignore encore aujourd'hui le véritable motif.

Du haut des tours de Notre-Dame le visiteur voit se dérouler à ses yeux le plus magnifique panorama : Paris et ses monuments, et les environs de Paris, toujours si riches et si variés. Nous conseillons donc cette ascension aux visiteurs ; avec la beauté du panorama, ils auront une idée beaucoup plus juste et plus complète des proportions colossales de Notre-Dame.

BOURDON DE NOTRE-DAME

Dans la tour du Sud se trouve le fameux

bourdon de Notre-Dame. Une inscription latine et en relief nous apprend que cette cloche fut donnée, en 1600, par Jean de Montagu. Refondue plusieurs fois, elle porte aujourd'hui les noms d'Emmanuel-Marie-Thérèse, en souvenir du roi Louis XIV et de la reine Marie-Thérèse d'Autriche, qui en furent les parrain et marraine. Le bourdon de Notre-Dame pèse 32,000 livres. La hauteur de huit pieds est égale au diamètre de la circonférence de la base. Le battant pèse, à lui seul, 973 livres... Le son grave et solennel qu'il rend est le *fa dièze* de ravalement... Tout près du bourdon, on a installé, en 1857, une cloche provenant de la cathédrale de Sébastopol. Les autres cloches sont installées dans la tour du Nord. « La sonnerie de Notre-Dame n'a rien perdu de son ancienne réputation. Le son grave et argenté de ses cloches est une harmonie pour l'oreille et un enseignement précieux pour le cœur. »

— Nous ne ferons que mentionner la magnifique forêt ou charpente de l'église, le public n'étant pas admis à la visiter. Ce travail vraiment remarquable, mesurant 30 pieds dans son élévation, donne le dernier mot sur Notre-Dame. La longueur totale de cette vaste charpente est de 356 pieds sur 37 de large. N'oublions pas non plus l'horloge, un des chefs-d'œuvre de l'horlogerie moderne. Elle distribue l'heure aux deux cadrans extérieurs et au cadran intérieur, placé au sommet du grand orgue.

Le long des pignons, en haut de la toiture entièrement recouverte en plomb et pesant dans son ensemble 410,240 livres, court une guirlande de fleurs et de feuillages, aussi gracieuse que légère, et terminée à l'extrémité de l'abside par une croix ornementée.

FLÈCHE

Du centre même de la croix s'élance gracieusement dans les airs la flèche actuelle. Son architecture est digne d'admiration, rivalisant d'élégance et de légèreté avec la flèche si connue et si justement appréciée de la Sainte-Chapelle. Ses deux étages à jour, garnis de plates-formes, sont couronnés par une pyramide. Assise sur des contre-forts d'angles, sept mètres de base au-delà du hors-d'œuvre, la flèche de Notre-Dame mesure 45 mètres de hauteur depuis le comble jusqu'à la croix. Rien de curieux et de hardi à la fois comme ce travail. « Des crochets, des frises et des aiguilles, placés de distance en distance, en dessinent parfaitement les formes gracieuses. » A la base extérieure et en étages, les statues des Apôtres ainsi que les symboles des Evangélistes.

PORTAIL DE SAINT-MARCEL (COTÉ SUD)

« Les faces latérales de Notre-Dame sont d'un aspect moins imposant que la façade principale. Elles sont hérissées d'une infinité de piliers, la plupart terminés en obélisques fleuronnés. Leur décoration se lie assez heureusement avec les figures et les appuis évidés qui servent d'amortissement aux chapelles. »

Mais ce qui fait surtout la richesse des *bas-côtés extérieurs* de Notre-Dame, ce sont les deux magnifiques portails qui la décorent, le portail de Saint-Marcel et celui du Cloître. Du côté méridional, dans la cour du presbytère actuel, est le *portail de Saint-Marcel*, appelé aussi portail des Martyrs. Une inscription en caractères gothiques porte la date de 1257 et le nom de Jean de Chelles. Le bas-relief du tympan retrace quelques-unes des scènes principales du martyre de Saint-Etienne (sans doute, en souvenir de l'église Saint-Etienne sur l'emplacement de laquelle est construit ce portail). Sa voussure est triple ; dans les deux voussures inférieures, des statues nombreuses d'anges et de martyrs, au nombre desquelles saint Denis, saint Eustache, saint Georges, etc. Au troisième rang, plusieurs confesseurs. Au sommet, le Père Eternel, couronnement mystérieux de cette triple hiérarchie. Le portail de Saint-Marcel donnait accès dans l'ancien archevêché.

L'ABSIDE ET LES GALERIES EXTÉRIEURES

L'enveloppe de la partie basse du chœur et de l'abside a été reconstruite à différentes époques. Les chapelles qui forment tout autour comme une guirlande sont percées de fenêtres à rinceaux, surmontées de balustrades et de pignons. « Des niches trilobées, avec pignons historiés, ornent les contre-forts dans les intervalles des chapelles. » On remarque toutefois dans l'ornementation des chapelles absidales une différence de style et, par conséquent, d'époques. L'abside de Notre-Dame passe dans l'histoire des arts pour une merveille d'architecture. « Trois galeries extérieures forment, à diverses hauteurs, des espèces de ceinture d'entrelaces qui relient ensemble toutes ces formes pyramidales et rassurent l'œil du visiteur sur leur solidité, en même temps qu'elles présentent, par la richesse et la variété de leurs ornements, une heureuse opposition avec le lisse des murs et des contreforts... La galerie supérieure, qui s'enroule autour des combles, sert pour faire extérieurement la visite de l'église, et contribue à son exploration en facilitant la conduite et l'écoulement des eaux pluviales par l'emploi multiplié des arcs-boutants, aidés d'un nombre immense de gouttières qui, sous le nom de chimères, de gargouilles, de tarasques et de magots, allongent leurs têtes grimaçantes au-dessus de la rue. Dans le bas de l'abside, elles sont plus petites, elles servent à l'écoulement des eaux des piscines absidales (1). » Et puisque nous parlons ici des chimères, dont les plus curieuses se trouvent au bas des tours, elles sont, dans les formes semi-animale et semi-humaine, l'expression la plus vraie, mais aussi la plus affreuse des vices dont elles deviennent ici le symbole... « Emblèmes de l'Eglise qui fait rejeter à l'homme les souillures des siècles, elles vomissent hors de l'édifice les eaux pluviales et souvent dégoûtantes de la toiture. » Celle du milieu surmonte les galeries intérieures de la nef et du chœur ; enfin, la troisième forme, au-dessus des chapelles absidales, une immense plate-forme. La forêt d'arcs-boutants et de contre-forts qui les encadrent étonne par sa légèreté... Le coup d'œil général en est vraiment gracieux. Disons, en passant, que la majeure partie de ces ornements datent de la dernière restauration, ce qui leur donne une certaine fraîcheur qui en fait ressortir davantage tous les dé-

____

(1) *Histoire pittoresque des cathédrales.*

tails. Les fenêtres hautes du chœur et de l'absid.
sont semblables dans leur construction à celles
de la nef.

LA PORTE ROUGE

Après avoir fait extérieurement le tour du
chœur et de l'abside, nous arrivons, au Nord, à
la porte rouge, réservée à MM. les membres du
chapitre et du clergé de la métropole. On fait
remonter son origine à Philippe le Bel, c'est-
à-dire au quatorzième siècle. L'architecture de
cette porte (qui doit son nom à la couleur qui
en recouvre les vantaux), consiste en une seule
baie de style ogival, surmontée d'un pignon à
jour qui permet à la lumière d'arriver jusqu'à la
fenêtre de la travée. Crossettes, fleurons, aiguilles, feuillages, dais, rien n'a été néglige
dans l'ornementation de cette porte. Tout y est
admirablement fouillé. Les groupes sculptés
dans la voussure sont autant de chefs-d'œuvre,
servant bien souvent de modèles aux artistes
et statuaires. Ces groupes, au nombre de six,
rappellent quelques traits principaux de la
vie de saint Marcel, entre autres, les leçons
toujours pleines de sagesse qu'il donnait aux
enfants chargés du service des autels. Nous
aimons à y reconnaître le vêtement traditionnel
de nos enfants de chœur actuels. Au milieu du

tympan, le Couronnement de la très sainte Vierge. A quelque distance de cette porte et le long du soubassement des chapelles courent d'anciens bas-reliefs rappelant les gloires de la mère de Dieu.

PORTAIL DU CLOITRE (COTÉ NORD)

Le *portail septentrional*, situé dans la rue du Cloître, présente à peu près la même disposition que celui du sud ou de saint Marcel. Au trumeau se dresse une statue de la Vierge, « célèbre par l'expression gracieuse et par la fierté maternelle de l'attitude. C'est bien là cette femme choisie par Dieu, et que les générations proclament bienheureuse... » Elle foule aux pieds le serpent, réalisation de cette parole de nos livres saints : « Une femme lui écrasera la tête. » Au centre de ce même trumeau, la Nativité de Notre-Seigneur, l'Adoration des rois mages, la Fuite en Egypte et le massacre des Innocents. Nous ne nous arrêterons pas davantage à ces détails qui nous entraîneraient trop loin. Nous nous contenterons seulement de les signaler à l'attention des visiteurs.

Sans doute, dans son ensemble, Notre-Dame présente l'image peu gracieuse d'un monument étayé de toutes parts, et dont les dehors annoncent autant de timidité que l'intérieur fait voir de hardiesse. Ses voûtes sont contreboutées à l'intérieur par 60 arcs rampants, dont plusieurs mesurent 40 pieds de longueur. Ajoutons, toutefois, que cet extérieur vraiment imposant, l'idée première de la solidité, ajoute celle non moins heureuse de l'élégance ; double avantage pour un monument qui, comme Notre-Dame de Paris, était destiné à traverser les siècles... « C'est cette maison du Seigneur fortement assise sur la pierre ferme. »

Aussi, est-ce le cas où jamais de répéter ces paroles de l'Apocalypse, appliquées par l'Eglise elle-même à la fête de la Dédicace : « Je vis la Sainte Cité, la nouvelle Jérusalem, descendre du ciel, d'auprès de Dieu, parée comme une épouse, et ornée pour son époux... Voici, en effet, le tabernacle de Dieu avec les hommes... et il demeurera avec eux. Et eux seront son peuple ; et lui-même Dieu, au milieu d'eux, sera leur Dieu. »

II. — Intérieur de Notre-Dame.

§ 1er. — ENSEMBLE

Considéré dans les vastes proportions de son ensemble et dans la richesse multiple de ses détails, l'intérieur de Notre-Dame est à la fois noble, imposant et plein de majesté, répondant, par conséquent, en tous points, aux grandes idées de son fondateur.

Aussi, à peine en a-t-on franchi le seuil, qu'une sorte de terreur religieuse s'empare de tout notre être; l'esprit est frappé de tant de splendeurs, et le cœur s'élance, avec la voûte, jusqu'aux pieds de Celui qui en est le Seigneur et le Maître. Ce que l'on trouve de plus saisissant et de plus remarquable, et ce qui étonne avec raison les visiteurs, c'est que « le caractère un peu lourd de son architecture ne nuit en rien à l'effet général; » nous ajouterons même avec un auteur moderne : « que ce caractère imprime à l'ensemble du vaisseau quelque chose de plus grave et de plus majestueux. » C'est le véritable temple chrétien commandant à tous ceux qui le visitent le respect et l'adoration. N'oublions pas non plus l'unité remarquable qui existe dans ce même ensemble, et cela malgré les nombreux changements que subit avec le temps l'enveloppe de l'édifice. « Par son unité intérieure, Notre-Dame de Paris conservera toujours une incontestable supériorité sur les constructions les plus vantées et pour lesquelles on a dépensé, en même temps que tous les soins de l'exactitude, tous les efforts de la science et toutes les ressources du talent. »

3.

L'intérieur du vaisseau mesurant, en longueur, cent mètres dans œuvre, en largeur, quarante-six mètres soixante centimètres, et en hauteur, sous voûte, trente-quatre mètres soixante-six centimètres, présente, dans tout son ensemble, cinq nefs parallèles, un vaste transept et une couronne de chapelles latérales qui lui servent comme de remparts. Il est soutenu, dans sa masse, par cent vingt piliers de proportions et de structures différentes, mais disposés avec une harmonie parfaite. Chacun de ces piliers, arrivé à la naissance des cintres ogives, se partage en faisceaux de trois colonnes, détachés des murs jusqu'aux chapiteaux, sur lesquels alors retombent gracieusement les nervures de la grande voûte. Ils forment une double enceinte autour de la nef principale et du chœur. Du seuil de la grande porte au transept, le nombre total des travées est de dix. Les croix-médaillons que l'on voit sur les piliers de la nef et du chœur rappellent la consécration de l'Eglise, en 1864, par Mgr Darboy, archevêque de Paris.

Les proportions de cette même enceinte, déjà relevées de chaque côté par la pure sévérité des lignes et par la sobriété vraiment scrupuleuse des ornements, semblent encore doublées par l'heureuse disposition des larges galeries qui règnent sur toute la largeur des bas côtés de la nef et du chœur. « D'après certains auteurs, ces galeries supérieures étaient destinées à contenir la foule et à projeter une plus grande lumière dans le vaisseau central au moyen de larges et hautes fenêtres ouvertes au milieu même des travées. » Quoi qu'il en soit, ce genre de construction particulier, dit-on, aux églises de l'Ile-de-France, et aussi gracieux que commode, est d'une très grande ressource à l'époque de nos solennités.

L'intérieur de Notre-Dame est éclairé par cent treize vitraux, non comprises les trois grandes roses de la façade principale et des façades latérales. Leurs larges baies, partagées par de légers meneaux en plusieurs compartiments, revêtent les formes à la fois les plus gracieuses et les plus variées. Les fenêtres des chapelles et des galeries ont trois compartiments couronnés par une rose. Les vitraux, à teintes sombres et variées, rappellent, par leurs mille nuances, la puissance de leur coloris et la majesté de leurs sujets, l'époque à jamais mémorable du moyen âge. On remarquera peut-être une différence de ton entre les fenêtres du Sud et celles du Nord, entre les chapelles tournées vers le Sud et les chapelles tournées vers le Nord. « Cette ornementation, basée sur l'ornementation générale de l'édifice, était nécessaire pour établir l'harmonie générale des tons. Cette divergence de teintes dans la répartition générale de la lumière donne en même temps le dernier mot du genre de peinture adoptée dans l'ornementation des chapelles latérales. Ce nouveau procédé, œuvre de M. Courtoin, réunit à la solidité la transparence et la fraîcheur des tons. »

« Quant aux voûtes, légères et élancées, elles sont toutes partagées en travées par des arcs doubleaux et croisées de nervures. Deux cordons toriques, avec filet au milieu, en dessinent les nervures. Les arcs doubleaux ont la forme d'un bandeau plat accompagné de deux tons. Les clés sont sculptées de fleurons enrichis de dorures et accordés de têtes d'hommes ou d'animaux, emblèmes du Vice et de la Vertu (1). » Celle qui se trouve à l'entrée du chœur porte le sceau du chapitre métropolitain.

Enfin, comme dernier détail, mais tout intime, le chapeau suspendu au milieu de la première travée du chœur indique le titre cardinalice de l'archevêque régnant.

L'intérieur de Notre-Dame, illuminé de ses feux multiples et variés, est bien l'image de cette Jérusalem céleste dont les murailles sont revêtues d'or et couvertes de pierres précieuses.

---

(1) Guilhermy.

§ 2. — DÉTAILS

TRIBUNE ET GRAND ORGUE

Nous sommes dans l'intérieur de l'église, au-dessous de la magnifique et immense tribune, œuvre du treizième siècle, et qui sert comme de piédestal au grand orgue. Deux énormes piliers, d'un travail admirable et formés de la réunion de nombreuses colonnes, s'élevant d'un seul jet jusqu'à la maîtresse voûte, « soutiennent chacun le poids d'un des angles des tours, en même temps qu'ils servent comme de limite de démarcation entre le porche et le commencement de la grande nef. »

Le grand orgue de Notre-Dame, sorti des ateliers de M. Cavaillé-Coll, a des proportions vraiment monumentales. Il comprend cinq claviers à main et un clavier de pédales, sans parler des nombreuses pédales de combinaison (22). Total des jeux : 86, c'est-à-dire 5,246 tuyaux, plus 12 registres.

Les nouvelles richesses artistiques renfermées dans ce magnifique instrument, une des gloires de l'industrie et de l'art français, ouvrent à l'instrumentation de l'orgue des horizons infinis... Aussi la commission, formée des membres les plus éminents et les plus autorisés, tels que

Rossini, Auber, Amb. Thomas, Lemmens, etc.,
a-t-elle accepté de grand cœur l'instrument, « supérieur par la fécondité et la richesse de ses
ressources. » Au nombre des illustrations qui ont
tenu tour à tour le grand orgue. de la métropole,
nous voyons avec bonheur, Lijan, Lesueur
et Daquin, l'émule d'Haendel et de Rameau.
L'organiste actuel est M. Sergent, digne successeur de ces illustrations musicales. A nous moins
qu'à tout autre revient le droit de prononcer
sur le mérite personnel de cet artiste; sa posi-
tion à la métropole de Paris est le plus bel
éloge que nous puissions en faire.

CALVAIRE

A droite de ce portique, dans une vaste salle
carrée, sans division, et formant un porche cor-
respondant aux deux premières travées de la
nef médiane, s'élève un *magnifique calvaire*,
objet fréquent de la piété des fidèles. Une
riche peinture, rehaussée de dorures, sert de
fond à un immense crucifix en bronze, œuvre
de M. le Timonier... Dans le bandeau, des ceps
de vigne s'élèvent jusqu'au sommet de l'ogive,
et la croix se détache sur un nimbe ovoïde lobé,
semé d'étoiles blanches. Dans les détails du
soubassement, les murs de Jérusalem; et, au-

dessus de la croix, une inscription latine qui résume parfaitement l'œuvre entière de la Rédemption. En voici le sens : « *C'est ainsi que Dieu a aimé le monde...* »

CHAPELLES DU BAS-COTÉ SUD

Nous sommes à la première chapelle : *la Chapelle des Ames du Purgatoire.* L'harmonie générale des peintures de cette chapelle est chaude et brillante. La statue placée au haut du tabernacle est l'image de Notre Seigneur descendant aux Limbes et en arrachant une âme. Sur la tapisserie fresque, le chiffre de N. S. s'entremêle avec des flammes d'or, emblèmes naturels des feux du Purgatoire. Une inscription, placée au-dessus de la piscine, fait connaître le vocable de la chapelle. Les remplissages de la voûte, entre les nervures, sont peintes en bleu, avec étoiles d'or. (Cette décoration est la même pour toutes les chapelles.)

Chapelle de Sainte-Geneviève. — Une inscription placée dans cette chapelle nous en indique le vocable, en même temps qu'elle rappelle la date de sa restauration (1866). On doit cette restauration à l'association des Dames patronesses de Sainte-Geneviève. L'harmonie générale des peintures est claire et brillante. La sainte est représentée debout sur l'avant d'un vaisseau, symbole de la ville de Paris, qu'elle a toujours guidé et protégé. Le chiffre de sainte Geneviève se détache sur un fond de tapisserie fresque. Toutes ces chapelles sont remarquables de richesse et de simplicité.

La Chapelle de Saint-Joseph, qui suit immédiatement, a aussi son cachet particulier. Une magnifique statue de saint Joseph avec l'Enfant Jésus se dessine gracieusement sur le fond des tapisseries polychromes du rétable. Les fleurs qui émaillent le fond de la chapelle semblent des fleurs de lys, emblèmes de la royauté de Marie, mère du Sauveur. L'harmonie générale des peintures est claire et brillante, et le redessiné noir qui en forme comme l'encadrement en fait ressortir délicatement tous les détails. Tous les ans, au mois de mars, mois consacré au saint patriarche, cette même chapelle se couvre de verdure, de feuillages et de fleurs, et les pieux fidèles s'empressent autour de celui qu'ils regardent à juste titre comme le patron de la bonne mort.

La Chapelle de Saint-Pierre est la seule des chapelles de Notre-Dame qui ait conservé sa boiserie.

Œuvre de la Renaissance, elle forme autour de l'autel et du confessionnal lambris et soubassement. Faite en vieux chêne, elle est rehaussée par des dorures et des sculptures représentant les apôtres, saint Germain, évêque de Paris , sainte Geneviève, etc... La statue placée au-dessus du tabernacle représente saint Pierre, le chef des apôtres, tenant en main la croix et les clefs du Paradis. La tonalité sobre et rompue des peintures conserve à la boiserie de cette chapelle toute son importance.

L'harmonie générale des peintures de la *chapelle de Sainte-Anne* est brillamment colorée. Dans la frise, qui sert comme d'encadrement aux tapisseries-fresques, est tracé en or le chiffre de la sainte. La statue placée au haut du tabernacle représente sainte Anne debout et faisant l'éducation de la Vierge , encore jeune. Ce groupe est plein de grâce et de piété... image bien vraie de cette tendre sollicitude que doivent toujours avoir les mères chrétiennes pour leurs enfants. Sous la plate-forme qui porte la statue, une colombe, emblème de l'Esprit-Saint présidant lui-même à l'éducation de la sainte Vierge. Les sujets du vitrail, œuvre de Didron, sont tirés du livre de la Genèse. Ils se rapportent tous à quelques traits de la vie de la très sainte Vierge. Dans la rose de ce même vitrail, l'image admirable de Marie... Au bas et adossé à la muraille, on voit encore la châsse qui renfermait autrefois les reliques de sainte Anne. Elles ont malheureusement disparu avec beaucoup d'autres aux jours à jamais regrettables de la Commune. La bordure mouvante et les détails de l'autel sont aussi gracieux que variés.

Enfin, immédiatement avant le transept, la *chapelle du Sacré-Cœur* semble commander à toutes les autres. L'harmonie générale des peintures est très vive et très chaude. Des anges, tenant à la main des encensoirs, forment à la peinture du fond de l'autel le plus riche encadrement. Au-dessous des draperies qui retombent avec grâce et élégance, une galerie très légère, genre oriental. Le chiffre du Sacré-Cœur (croix et cœur) émaille le fond général.

Nous sommes au transept sud, au milieu duquel se présente majestueusement l'une des deux portes latérales de la métropole.

TRANSEPT SUD

Aux quatre angles de la partie centrale du transept, de robustes piliers revêtus, les uns de pilastres réunis harmonieusement, les autres de colonnes en faisceaux, s'élancent vers la voûte. A l'époque de la reconstruction des façades, on dut ajouter une nouvelle travée aux deux travées déja existantes. Il est facile de la distinguer des autres à son genre d'architecture beaucoup plus nourri. La décoration de ce transept forme, jusque sous la rose, une riche tapisserie. La magnifique série de personnages, et qui tous représentent la tradition relative à la sainte Vierge, sont l'œuvre de M. Perrodin, artiste lyonnais, élève de Flandrin; l'ornementation qui entoure les peintures a été exécutée sur les dessins de M. Viollet-Leduc. Voici, par ordre, les noms de ces personnages : à gauche de la porte, le roi David, le prophète Isaïe, saint Joachim et sainte Anne; à droite, saint Joseph, sainte Elisabeth et saint Jean-Baptiste encore enfant, saint Luc et saint Jean. (La plaque de marbre noir que l'on voit au-dessous porte les noms des soixante-seize otages fusillés à la Commune.) Enfin, au-dessous de la galerie, saint Augustin (1), saint Bernard, saint Dominique et saint Bonaventure. Des inscriptions latines, se déroulant sous les pieds des mêmes personnages, rappellent les grandeurs de Marie. La chapelle adossée à l'un des murs de ce même transept est consacrée à la très sainte Vierge. Elle porte le nom de *chapelle de l'Annonciation*. La statue polychrome qui domine l'autel représente la Vierge à l'oiseau. Derrière

(1) Portrait de Mgr Darboy.

et servant de fond, deux fresques sujets : l'*Annonciation* et l'*Assomption*. Sur les degrés de
l'autel de pieux fidèles viennent souvent déposer
des bouquets ou des couronnes, symboles de
leur dévotion à Marie... La magnifique rose qui
couronne les peintures du transept et forme
au-dessus comme un riche diadème, présente
dans quatre cercles et dans d'éclatantes verrières, plusieurs sujets bibliques, un certain
nombre d'évêques et de saints personnages tenant entre les mains la palme du triomphe ou
les instruments de leurs supplices ; une troupe
d'anges leur apportent des couronnes, symboles
de leurs victoires. Ils forment à la Vierge, placée au centre, le plus admirable cortége.

Cette rose étonne les regards des visiteurs en
même temps qu'elle les enchante par une splendeur incomparable. Les vitraux qui sont à la base
contiennent des personnages bibliques, tels que
certains prophètes. Ce sont, en commençant par
la gauche : Osée, Joël, Amos, Abdias, Judas,
Michée, Isaïe, Jérémie, Ezéchiel, Daniel,
Nahum, Habacuc, Aggée, Malachie.

Trois marches séparent le transept du chœur
et de ses collatéraux. Les deux arcs qui forment
séparation portent les traces du quatorzième
siècle. L'architecture en est gracieuse et délicate, couronnée de quatre petites statues d'an-

ges jouant de la trompette. Les deux fenêtres au-dessus représentent, à gauche, saint Louis et saint Grégoire VII, et à droite, saint Remi et saint Martin. Ces fenêtres sont en harmonie de ton et d'architecture avec celles du chœur, qu'elles semblent compléter.

Pourtour du chœur.

SACRISTIES

Le pourtour du chœur est une des parties les plus intéressantes de Notre-Dame. La première porte à droite est la porte qui conduit à la sacristie des messes ou de la paroisse. La porte de la sacristie du chapitre, où est renfermé *le Trésor* de Notre-Dame, se trouve un peu plus loin, mais toujours du même côté. L'ancienne sacristie de Notre-Dame dépendait autrefois de l'archevêché et se trouvait comprise dans les bâtiments dévastés en 1831. Cette sacristie remontait à l'année 1760 et avait eu pour architecte Soufflot, bien connu dans l'histoire générale de Notre-Dame de Paris. En 1845, après la démolition de l'archevêché, ce bâtiment étant devenu insuffisant, une loi du 19 juillet en ordonna la reconstruction. Le projet fut rédigé sur le programme arrêté par Mgr Affre, alors archevêque de Paris, et M. Martin (du Nord), à cette époque, ministre de la justice et des cultes. Le bâtiment, commencé la même année, ne fut achevé que plusieurs années après (1850).

Le bâtiment, tel qu'il est aujourd'hui, se compose d'un étage de soubassement, voûté avec un grand soin et contenant un calorifère, deux caveaux, etc., une chapelle pour les catéchismes, un vestiaire pour les chantres, un autre pour les enfants de la maîtrise, et d'autres pièces nécessaires aux approvisionnements. Un large escalier droit et un autre de service, mais beaucoup plus petit, communiquent de l'étage bas au rez-de-chaussée, qui est de plain-pied avec le chœur.

Ce rez-de-chaussée se compose à son tour d'un cloître à trois faces ; deux de ses galeries sont en communication directe avec le bas-côté droit du chœur. L'une de ces entrées donne accès dans la sacristie du chapitre, composée, dans son ensemble, d'une grande salle, d'un vestiaire pour MM. les chanoines et d'une salle capitulaire ; l'autre, composée de deux salles, est réservée au service paroissial.

SACRISTIE DU CHAPITRE

La grande salle de la sacristie du chapitre, faisant face à la grande porte du bas-côté, contient, en dehors de tout ce qui est nécessaire au service religieux, les vastes armoires où sont renfermés les objets précieux composant le trésor : tels que reliquaires (la plupart avec leurs reliques), vases sacrés, ornements de tous genres, etc., souvenirs historiques, et les vêtements des archevêques de Paris, morts en haine de la foi : Mgr Affre, Mgr Sibour et Mgr Darboy, dont on retrouve les statues en marbre dans les chapelles absidales. (Disons, en passant, que la majeure partie des richesses du trésor a disparu avec le flot révolutionnaire.) Cette salle est éclairée par trois grandes verrières représentant les principaux évêques de Paris, depuis saint Denis et saint Germain jusqu'à Mgr Affre.

Dans la verrière du milieu : au sommet, saint Denis, saint Rustique et saint Eleuthère, ses compagnons ; entre les meneaux et dans le rang supérieur, saint Céraune, saint Landry, saint Agilbert, saint Hugues ; et au-dessous, les évêques Enée, Etienne de Senlis, Pierre Lombard, Maurice de Sully, évêque fondateur de Notre-Dame ; enfin, au bas de ces personnages, en habits pontificaux, et couché sur son lit de mort, Mgr Affre, avec cette double inscription qui rappelle les dernières paroles du prélat martyr : « *Le bon pasteur donne sa vie pour ses brebis... Que ce sang soit le dernier versé.* »

Dans la verrière de gauche : au sommet, saint Germain ; au-dessous, Matifas de Bucy, auquel on doit les chapelles absidales, au quatorzième siècle ; le B. Pierre de Luxembourg ; et dans le rang inférieur, l'archevêque de Beaumont, le cardinal de Belloy et Mgr de Quélen.

Enfin, la verrière de droite représente : au sommet, saint Marcel ; au-dessous, Eudes de Sully, qui fit construire la façade de Notre-Dame, saint Guillaume (chanoine de Notre-Dame) et E. Tempier ; dans le rang inférieur, les deux de Gondy et le cardinal de Noailles.

Ces vitraux, ainsi que ceux du chœur, sortent des ateliers de M. Maréchal de Metz. Le dessin et le coloris en sont remarquables. Elles font vraiment honneur à leur artiste.

Les piles qui portent les voûtes sont décorées des deux saints apôtres Pierre et Paul (aux angles), et de quatre statues d'anges portant, les uns des flambeaux, les autres des encensoirs. Au-dessus de la réserve, placée au fond de cette même salle, trois bas-reliefs en bois sculpté : l'Annonciation, la Visitation et le Crucifiement. Les meubles, en chêne pur, ont été exécutés avec un grand soin.

Dans les enfoncements pratiqués au-dessus des meubles sont les bustes en marbre de Mgr Sibour, de Mgr Affre et de Mgr Darboy.

Deux grandes toiles, placées de chaque côté, en entrant, au-dessus des armoires du trésor, représentent en pied Mgr le comte de Quélen et Mgr Sibour. Enfin, au-dessus de la porte d'entrée et à l'intérieur, au-dessous d'une galerie en pierre, un tableau en chêne sert de fond à un magnifique crucifix de teinte bronzée.

SALLE CAPITULAIRE

A la gauche de la grande salle se trouve la salle capitulaire, partie toute moderne. L'ameublement de cette salle est simple et en harmonie parfaite avec l'édifice. Il est l'œuvre de M. Mirgon, qui a fait aussi la grande chaire. Au-dessus de la porte extérieure sont peintes les armes du chapitre métropolitain, portant : « *De France ancien, à la Vierge d'argent, sur un croissant de même, nimbée d'or,* 12 *étoiles de gueules sur le champ de nimbe, en orle.* » Et sous l'écusson, cette inscription : « *Capitulum Ecclesiæ Parisiensis.* »

Autour de cette même salle sont disposées dix-huit stalles pour MM. les membres du Chapitre, une pour M. le secrétaire, et au fond le trône de S. Em. le cardinal-archevêque de Paris, surmonté d'un crucifix et des statuettes de P. de Luxembourg et Guillaume, anciens chanoines. D'un côté et attenant à la muraille, les armes du cardinal, et, de l'autre, celles du chapitre.

Les peintures décoratives et les vitraux se rapprochent des peintures et des vitraux de la Sainte-Chapelle. Dans le pied-armoire se trouvent plusieurs reliquaires anciens et modernes, un fac-simile du *triquetis*, ou reliquaire à compartiment de saint Louis, aujourd'hui au musée de Cluny. Un magnifique ostensoir, d'une grandeur exceptionnelle, avec citadelle aux pieds et des anges armés de lances. Autour de la custode, une auréole de pierres fines. (Cet ostensoir a été fait, dit-on, sur le modèle d'un ancien ostensoir disparu à l'époque de la Révolution.) Dans les portes intérieures de cette même armoire, de magnifiques peintures par M. Perrodin, retraçant quelques traits principaux de la vie de saint Louis.

SACRISTIE DE LA PAROISSE

A droite de la galerie ouest du cloître, on trouve les deux salles affectées au service paroissial. Des vitraux en grisailles et quelques autres toiles, sujets bibliques, en font l'ornement principal. Ces vitraux sortent des ateliers de MM. Lussy et Thévenot.

Les boiseries de cette sacristie sont du même style que l'édifice. C'est à cette sacristie que

doivent toujours se présenter MM. les prêtres
étrangers à Notre-Dame, et qui désireraient célébrer la sainte messe à la métropole. La garde
en est confiée actuellement à M. l'abbé Bon-
tems, vicaire de chœur, prêtre trésorier de
Notre-Dame.

Les arcades vitrées du cloître reproduisent en
grisailles la légende de sainte Geneviève, patronne de Paris. Ces grisailles sont l'œuvre de
M. Gérente, d'après les cartons de M. Steinheil.
Des inscriptions latines, placées au bas, en indiquent les sujets. Dans les deux stations du
cloître, conduisant aux deux sacristies, deux
grands tableaux en bois, avec l'indication des
fondations faites à l'église de Notre-Dame; et,
au-dessous, des piscines du style de l'église.
Enfin, dans la rose centrale de la principale
arcade du cloître est un vitrail représentant le
couronnement de la Sainte-Vierge.

Des galeries du cloître, on descend dans une
petite cour intérieure, au milieu de laquelle se
dressent une fontaine et une piscine surmontées
d'une croix en pierre. Et autour de cette cour,
au sommet des contreforts, deux galeries, huit
statues assises d'anciens évêques de Paris, de
Matifas de Bucy à Mgr Affre, toutes sorties des
mains d'habiles sculpteurs.

On cite pour la sculpture d'ornement de ces

deux sacristies, M. Aug. Lechesne; pour la serrurerie forgée, M. Boulanger (celle des portes est un véritable chef-d'œuvre); pour la maçonnerie, MM. Sauvage et Milon.

Disons, en terminant, que la cathédrale de Paris présente seule aujourd'hui, avec celle d'Amiens, un service de sacristie bien entendu et tout-à-fait conforme aux besoins de notre époque. Les architectes, MM. Lassus et Viollet-Leduc, ont encore fait preuve là d'une grande science architecturale et d'une rare expérience dans la réalisation des travaux. Ils ont, autant qu'il était en leur pouvoir, harmonisé le style de ce nouvel édifice avec celui des portions de la métropole auxquelles il devait se souder. Et surtout ces constructions, d'une certaine importance, ont été disposées de manière à ne point masquer les parties latérales du chœur, ne s'y trouvant reliées que par les deux galeries du cloître.

Chapelles absidales.

1° COTÉ SUD

Entre la sacristie des messes et la sacristie du chapitre, on trouve la *Chapelle de Saint-Denis*. La peinture qui sert de fond à l'autel représente : à droite, la mission de saint Denis et de ses compagnons ; à gauche, le martyre du saint évêque ; au milieu, l'exposition de la châsse des trois martyrs saint Rustique, saint Denis, saint Eleuthère ; enfin, au-dessus, l'apothéose du saint évêque. C'est ce qu'indiquent les inscriptions latines placées au soubassement de chacun des sujets. L'harmonie générale des peintures est claire. Les fenêtres étant garnies de grisailles très soutenues de tons au milieu de couleurs, l'artiste a dû en tenir très brillant le soubassement dans lequel s'ouvre la piscine. Au fond de la chapelle et au-dessous des fenêtres se trouve une armoire en fer, de teinte rouge, avec fermants dorés, et destinée à recevoir les vases des saintes huiles. L'inscription latine placée sur cette même armoire en fait connaître la destination.

A droite, dans cette même chapelle, et faisant face à l'autel, un monument en marbre blanc représente Mgr Affre, archevêque de Paris, tombant à terre, frappé par une balle sacrilége aux journées de juin 1848. Le prélat tient dans la main une branche d'olivier, symbole de la paix, image frappante de sa mission. Au-dessus de sa tête, sur une plaque en marbre noir, cette inscription : *Puisse mon sang être le dernier versé !* — dans le fronton, une mître et une palme entrelacées. Le bas-relief du piédestal rappelle la circonstance particulière de son martyre, avec cette inscription : *Le bon pasteur donne sa vie pour ses brebis.* Le nom de Mgr Affre, malgré le temps qui nous sépare de sa mort, est encore sur toutes les lèvres et dans tous les cœurs. On sait que ce mausolée fut voté, en 1848, par l'Assemblée nationale, et avec acclamation, pour honorer le dévouement de ce prélat, mort sur les barricades du faubourg Saint-Antoine, martyr de son zèle apostolique. —Aussitôt après la grande porte de la sacristie du Chapitre, nous trouvons la *Chapelle de sainte Madeleine.* La magnifique fresque que l'on voit au-dessus de l'autel représente : à droite, la conversion de la sainte; à gauche, dans sa visite à Notre-Seigneur chez le publicain, elle verse ses parfums sur les pieds du Sauveur; enfin, au milieu, sa mort au désert, couronnée par son apothéose. Les peintures d'ornementation offrent un cachet tout particulier et tout à fait en rapport avec le vocable de la chapelle. Dans le fond, et sur le dallage, une pierre tombale rappelle le souvenir de Mgr Garibaldi, archevêque de Myre, nonce du pape, et décédé à Paris en 1853. En face de l'autel, la statue en marbre blanc de Mgr Sibour, assassiné en 1857 dans l'église de Saint-Etienne-du-Mont. Cette statue est du sculpteur Dubes. Le prélat est représenté à genoux sur un prie-Dieu et les mains jointes. (On visite au trésor l'étole et le rochet brodés qu'il portait au moment où il fut assassiné; ils sont tout couverts de son sang.) L'inscription placée en avant de la statue et sur le piédestal de marbre rouge rappelle ce triste souvenir. A gauche de cette même statue, et adossée à la muraille, la pierre tombale de Talleyrand-Périgord, mort en 1821 ; et, à droite, une autre inscription d'une date assez ancienne.

La Chapelle suivante est dédiée à *saint Guillaume...* Deux monuments vraiment remarquables en font le principal ornement, et les peintures murales s'harmonisent parfaitement avec l'ensemble de la chapelle. Le confessionnal double qui se trouve au milieu partage cette même chapelle en deux parties à peu près égales. A droite et adossée à la muraille, une magnifique statue en marbre blanc de la Vierge, œuvre du chevalier Bernini. On croit généralement que cette statue appartint autrefois au couvent des Carmes, à Rome. La Vierge est représentée assise, enveloppée d'une riche draperie et tenant sur ses genoux l'Enfant Jésus. Sur le piédestal, on lit cette inscription : « *A la Vierge Mère immaculée.* » Sur le fond de la piscine, placée au côté droit de la muraille, on lit cette autre inscription : « *Au cardinal P. de Luxembourg, évêque de Metz.* »

Et sur le fond d'une seconde piscine placée plus à gauche : « *Au R. P. Guillaume, chanoine de Paris et archevêque de Bourges.* » Enfin, le long de la muraille de gauche, faisant face à la statue de la Vierge, le mausolée de Henri Claude d'Harcourt, lieutenant général des armées du roi, et mort en 1769. Ce monument, élevé par les soins de la veuve, est l'œuvre de Pigalle. « Du fond d'un sarcophage dont un Génie soulève le couvercle, se dresse le comte, tendant ses bras amaigris vers son épouse, représentée à genoux au bas du monument; près d'elle, des armes et des drapeaux, symboles de la valeur militaire; derrière le tombeau, l'Hymen éteint son flambeau, et la Mort inflexible annonce, en montrant son sablier, que les jours du comte sont écoulés. Du côté gauche, un ange consolateur semble, par son attitude, regretter de ne pouvoir commander à la Mort. » Ce monument, différemment jugé par les artistes, est la réalisation d'un rêve fait par la comtesse d'Harcourt, quelques jours avant la mort de son mari...

La Chapelle de saint Georges est remarquable par ses peintures et ses vitraux. La grande fresque, à main droite, représente saint Georges, à cheval : guerrier intrépide, il s'élance à la rencontre du fameux dragon qui répandait alors la désolation dans tout le pays, multipliant sur son passage le nombre de ses victimes. Au haut, sur une montagne très élevée, une ville et un sanctuaire; un fleuve les sépare du terrain occupé par le sujet principal; à gauche, sur un monticule, la fille du roi, éplorée à l'approche du monstre qui doit la dévorer; au bas, plusieurs personnages inquiets et attendant avec une sorte d'impatience la victoire du saint. Cette fresque porte le nom du peintre Steinheil. La scène qu'elle représente est le résumé d'une pieuse légende.

Le triple vitrail qui forme le fond de la chapelle est remarquable de détails. Dans celui de droite se déroule en nombreux médaillons l'histoire de saint Eustache; dans celui de gauche, celle, non moins intéressante, de saint Georges. L'un et l'autre sont l'œuvre de M. Didron, l'un des peintres verriers les plus célèbres de notre époque. Le premier porte la date de 1863, et l'autre celle de 1855. Dans celui du milieu, on retrouve quelques traits principaux de la vie de saint Etienne. Ce dernier vitrail, fait d'après les dessins de M. Steinheil, porte le nom de Oudinot. Le rétable et le tabernacle de l'autel sont en chêne sculpté. Les peintures décoratives s'harmonisent parfaitement avec l'ensemble de la chapelle. La statue en pied de Mgr Darboy, grandeur nature et en marbre blanc, a été posée à droite dans la chapelle, le 24 mai 1877. L'artiste, M. Bonassieu, a représenté le prélat au moment où il tombe sous les balles des fédérés et les bénissant avec amour. On voit sur sa soutane, au côté droit, le trou de la balle. Sous sa main gauche, cramponnée à la muraille, la palme du martyre. Des couronnes d'immortelles ornent le piédestal sur lequel se dessinent en relief les armes du martyr. Les deux écussons peints dans les piscines qui se trouvent de chaque côté de l'autel sont : à droite, celui de Mgr Darboy, et à gauche, celui du chapitre. A gauche de la chapelle se dresse, sur une colonne, la statue de saint Georges terrassant le dragon ; et, tout près de la pile, la statue en marbre blanc de Mgr Morlot. Le vénérable cardinal est représenté à genoux et dans l'attitude de la prière. La place qu'il occupe n'est encore que provisoire.

Nous arrivons à la *Chapelle de Notre-Dame de la Compassion*, appelée aussi le *Petit Chœur*. A l'entrée de la chapelle, à droite, se dresse une colonne, au haut de laquelle se trouve une inscription en lettres gothiques rappelant le nom d'un des évêques de Paris dont on a retrouvé la sépulture à l'époque de la restauration de cette chapelle. On voit aujourd'hui ce tombeau en face de la chapelle, dans le pourtour du chœur. L'évêque Matifas de Bucy y est représenté en habits pontificaux et couché sur son lit funèbre. Ce tombeau en marbre blanc jouit d'une certaine valeur artistique.

Cette chapelle, placée au fond même de l'abside, est entourée de stalles de chaque côté. Elle sert, à l'occasion, pour les offices du chapitre, ou de la paroisse. Sur le rétable de l'autel en pierre, trois bas-reliefs sculptés avec art : au milieu, le Crucifiement; à droite, les Saintes Femmes, portant des aromates, se rendent au tombeau du Sauveur; à gauche, la Mise au tombeau. Au-dessus du rétable se tient debout Notre-Dame des Douleurs, le visage triste mais résigné, et tenant dans ses mains, recouvertes d'un linge, la sainte couronne d'épines et les saints clous. La lune est à ses pieds. Cet autel, qui ne manque pas d'un certain cachet artistique, est, dit-on, l'œuvre de Coeftier. Il se dessine parfaitement sur le magnifique vitrail qui lui sert de fond. Sur la porte du tabernacle, la couronne d'épines et les trois clous. Ce vitrail représente, dans son ensemble, l'histoire de la Vierge; il porte le nom de A. Lusson et la date de 1855. Celui de droite rappelle certaines phases de l'ancien pèlerinage de Notre-Dame, avec le nom de Gérente et la date de 1855; enfin, dans celui de gauche, plusieurs personnages bibliques, entre autres certains prophètes et quelques rois, aïeux de la Vierge, y sont fidèlement représentés. Ces vitraux légendaires rappellent dans leur genre de dessin et dans le brillant de leur coloris les vitraux de la Sainte-Chapelle. Le soubassement des fenêtres a été tenu par le peintre d'une tonalité très vive afin de conserver assez d'éclat sous leurs couleurs translucides.

A droite de la chapelle et sur un fond très riche est conservée une fresque très ancienne (1290). Elle montre la Vierge assise et tenant l'Enfant Jésus ; à ses pieds, à droite et à genoux, saint Denis, en habits pontificaux et portant sa tête dans les mains ; à gauche, l'archevêque donataire de l'œuvre, également dans l'attitude de la prière ; et au-dessus, l'âme de l'archevêque s'envolant au ciel. On pense que c'est Matifas de Bucy, alors archevêque de Paris (1). Sur la muraille, en face, d'autres fresques modernes, dues au pinceau de M. Perrodin, représentent au bas, à gauche, la scène de la Passion où Jésus rencontre sa très sainte mère ; au milieu, le Crucifiment, et à droite la Descente de croix ; au haut, sur toute la largeur, le couronnement de la très sainte Vierge ; au-dessus, à gauche, la

---

(1) Cette fresque a été restaurée par M. Maillot aîné.

mort de la sainte Vierge; à droite, saint Jean donnant la communion à la sainte Vierge. Ces peintures dénotent chez leur auteur un immense talent.

Sept lampes, objets d'art, brûlent continuellement devant le tabernacle, image fidèle de ce feu tout divin qui doit embraser le cœur du pieux fidèle en présence de son Dieu. C'était pour nous un devoir de justice et de reconnaissance de donner ici les noms des bienfaiteurs; leur grande modestie nous impose le silence le plus rigoureux.

On admirera, dans cette même chapelle, les détails développés des membres principaux des nervures des voûtes, dont les remplissages, comme ceux des autres chapelles, sont bleus avec étoiles d'or; enfin, la coloration riche et variée des piliers d'entrée.

2° CÔTÉ NORD

Nous sommes au côté gauche ou nord de l'abside. La première chapelle est la *Chapelle de saint Marcel.* L'harmonie générale des peintures est très heureuse et dénote chez l'artiste qui en a été chargé de profondes connaissances et surtout une très grande expérience. Les fenêtres

étant garnies de vitraux en grisailles légères (1), il
a fallu donner à ces soubassements un ton très
soutenu pour laisser à ces mêmes fenêtres, s'ou-
vrant vers le Nord, un aspect plus brillant.
L'autel a, lui aussi, son mérite. Nous ferons
également admirer les faisceaux des colonnettes
formant piliers d'entrée et les détails d'ornementation des arcs des voûtes..

Dans cette même chapelle, à droite, un
magnifique groupe de marbre, œuvre de De-
seine ; c'est le mausolée du cardinal de Belloy,
mort archevêque de Paris en 1808. On sait par
l'histoire que ce cardinal assista S. S. le pape
Pie VII au sacre de Napoléon Ier. Il est représenté assis et donnant d'une main une bourse
à une veuve et son orpheline ; de l'autre main,
il tient un livre ouvert, et, dans ce livre, on lit
ce verset du Psaume XL : *« Heureux l'homme
qui a de l'intelligence et de l'attention sur les
besoins du pauvre et de l'indigent. Le Seigneur
le délivrera dans le jour mauvais. »* A droite,
saint Denis, premier évêque de Paris. Il tient
dans sa main un parchemin avec les noms de
quelques-uns de ses successeurs sur le siége de
Paris, entre autres ceux de Juigné, de Beau-

---

(1) Les grisailles, aussi nombreuses que variées, sortent
des ateliers de M. Denis, peintre verrier, à Paris.

mont, etc. Il semble vouloir attester que tous ont suivi fidèlement les traditions de leurs saints prédécesseurs. En face, et adossé à la muraille, le monument de Mgr de Quélen, par Geoffroy de Chaume. Le prélat est couché sur le côté; une bandelette, surchargée d'une inscription, se déroule dans ses mains ; au-dessus, et sur une plaque de marbre noir, ses armes, et, au-dessous, le nom du prélat. Au fond, du côté gauche, et sur toute la largeur de la muraille, une fort belle peinture, due au talent de M. Maillot jeune, rappelle la translation solennelle des reli ques de saint Marcel dans l'église actuelle. Les figures sont des portraits. Nous y avons reconnu avec bonheur Mgr Surat, représentant Eudes de Sully. Il est recouvert de ses habits pontificaux et bénissant la foule qui se presse sur son passage. (Mgr Surat, on le sait, était du nombre des otages fusillés par la Commune.) M. de Place, ancien archiprêtre de Notre-Dame, y est aussi représenté avec d'autres bienfaiteurs plus connus à cette époque de la restauration de Notre-Dame. Au-dessous de cette peinture, plusieurs saints personnages : à gauche, saint Eligius et sainte Aure ; à droite, sainte Geneviève et saint Germain. Ces peintures servent comme d'encadrement au monument décrit plus haut.

L'harmonie générale des peintures de la *Cha-*

pelle de Saint-Louis est très vive, soutenue dans les parties inférieures, et s'éclaircissant vers la partie supérieure qui se détache sur un réseau de meneaux d'applique. Au-dessus de l'autel et comme des fleurs sortant de leur tige, les figures à mi-corps de saint Louis, roi de France, saint Cloud, saint Louis, évêque, et saint Charlemagne, empereur. Et comme couronnement aux colonnettes qui s'élancent de l'autel vers la voûte, trois statuettes : Notre-Seigneur, au milieu, ayant à sa droite Marie, sa mère, et à sa gauche saint Jean, le disciple bien-aimé.

La peinture qui encadre l'autel porte des couronnes royales sur un fond fleurdelisé. La décoration des colonnes d'entrée n'est pas non plus sans valeur artistique. Dans la piscine, sur un fond rouge, trois couronnes royales.

Au milieu de la chapelle est le monument ou tombeau du cardinal de Noailles, mort archevêque de Paris. Le prélat est représenté à genoux et les mains jointes; il semble implorer encore le Dieu de l'autel. Au haut du piédestal en marbre noir et gracieusement assises, les armes du prélat. La draperie de cette statue est vraiment remarquable de détails et de vérité. Sa pierre tombale se voit à l'entrée droite de la nef, en face le transept du Sud.

Sur la muraille qui fait face à l'autel et dans

un genre de peinture analogue à celui qui le couronne, les figures à mi-corps de sainte Clotilde, sainte Radegonde, sainte Isabelle, abbesse, et sainte Jeanne de Valois. Dans la sculpture du haut, saint Denis et ses compagnons.

Nous sommes à la *Chapelle de Saint-Germain,* où se trouve le monument d'Antoine-Eléonor-Léon Leclerc de Juigné, mort archevêque de Paris, en 1811.

Cette chapelle, comme les deux précédentes, est située dans le pourtour du chœur, côté Nord. Des sujets tirés de la légende du saint évêque et son apothéose, forment le motif principal au-dessus de l'autel, simple et gracieux. Le fond est semé de crosses et du chiffre du saint. Au milieu, l'apothéose de saint Germain ; à gauche, le saint est représenté soulageant les pauvres ; à droite, il guérit miraculeusement le roi Childebert. Le monument de Mgr Leclerc de Juigné est un véritable chef-d'œuvre. Aux yeux de certains connaisseurs, il passe pour l'une des richesses sculpturales de Notre-Dame. Le prélat est à genoux ; sa prière est fervente ; il porte sur sa figure quelque chose de céleste. A gauche, une inscription en lettres d'or sur un fond noir, et à droite, ses armes. Une autre inscription, sur fond d'or, placée à gauche de l'autel, indique le vocable de la chapelle.

En dehors de l'harmonie générale des peintures, qui est tenue très brillante, nous ferons remarquer le fond sous la fenêtre garnie de grisailles légères. Ce fond, très soutenu lui-même dans l'ensemble de ses tons, fait valoir davantage l'aspect nacré de cette grisaille.

La Chapelle de Saint-Ferdinand, située près de la porte rouge, s'ouvre sur le collatéral du chœur, côté Nord. Au-dessus du rétable de l'autel, trois sujets tirés de la légende du saint remplissent les trois arcatures surmontées des figures de saint Pierre et de saint Paul. A gauche, on voit saint Ferdinand encore enfant et recevant les leçons de sa mère ; au milieu, saint Ferdinand, très dévot à la Vierge, est en prière par-devant l'une de ses images ; à droite, saint Ferdinand y paraît vainqueur des Maures et recevant leur soumission. Les autres peintures sont tenues, en général, dans des tons assez puissants, pour mieux faire ressortir la finesse de la grisaille. Les lettres S. F. (initiales du saint) reposent au milieu d'écussons semés sur le soubassement ; les tours de Castille décorent le fond de la piscine. Dans cette chapelle se voit le monument de Mgr de Beaumont, ancien archevêque de Paris. Il est en marbre blanc, et porte une longue inscription faisant connaître certains traits plus saisissants de la vie du prélat. La restauration de cette chapelle remonte à 1867. ·

La chapelle de Saint-Martin est la dernière des chapelles situées sur le bas côté nord du chœur. Au-dessus de l'autel, trois sujets représentent sur une magnignifique fresque trois traits principaux de la vie si édifiante et si extraordinaire de ce grand saint. A gauche, on voit saint Martin à cheval, abandonnant à un pauvre la moitié de son manteau ; au milieu, Jésus apparaît au saint pendant son sommeil, il est accompagné de deux anges et revêtu du manteau donné au pauvre. (Cette scène est la réalisation la plus exacte de cette parole du Sauveur dans les saints Évangiles : « *Ce que vous ferez au plus petit d'entre les miens, c'est à moi-même que vous le ferez.*) » A droite, saint Martin, devenu évêque, guérit miraculeusement un lépreux par un baiser. Cette scène se passe à la porte de Paris. Nous ferons remarquer, entre autres peintures, la frise supérieure avec la bordure et les fonds, et la piscine. En face l'autel, et attenant à la muraille, un magnifique médaillon de marbre en demi-relief et renfermant les deux portraits de de Budes, maréchal de Guébriant et de Renée de Bec-Crépin, son épouse. Rien de beau comme l'encadrement de ce médaillon, lauriers, drapeaux, canons, etc., véritable panoplie..., le tout artistement com-

biné, finement découpé et surmonté d'un casque
de guerrier. Deux inscriptions placées de
chaque côté indiquent les principaux titres de
ces deux personnages historiques... L'harmonie
générale des peintures murales est claire dans
la partie supérieure, avec des tons vifs et sou-
tenus dans la partie inférieure.

La porte qui suit cette chapelle, et qui est pra-
tiquée dans la muraille, est la porte de l'escalier
qui conduit aux galeries du chœur. Elle n'est
ouverte qu'à certaines solennités ou aux fêtes
principales de l'année.

**Chœur de Notre-Dame de Paris et sa clôture
historiée.—Intérieur du chœur.—Sanctuaire.**

Pour ne rien changer à notre itinéraire dans
la visite de l'intérieur de Notre-Dame, nous
allons étudier l'enveloppe extérieure du chœur,
plus connue sous le nom de clôture historiée.

1° CLOTURE HISTORIÉE

Nous sommes à la partie septentrionale, c'est-
à dire dans le collatéral Nord du pourtour du
chœur. Cette partie, bien supérieure à l'autre,
date du treizième siècle. Un soubassement divisé en dix-neuf ogives trilobées, reposant sur
des faisceaux de trois colonnettes, porte un ma-

gnifique bas-relief continu où se déroulent, dans toute la splendeur de leur dernière décoration, treize sujets tirés du Nouveau-Testament.

« Colonnettes, chapiteaux feuillagés, trèfles entre les retombées des archivoltes, dais, pendentifs, figures d'hommes ou d'animaux, rien n'a été négligé dans cette décoration tout artistique des deux bas-reliefs de cette clôture. »

Nous nous contenterons ici d'indiquer les sujets, laissant au visiteur le soin de les étudier de plus près et d'en admirer la valeur artistique. La première scène, à droite de la grille latérale du chœur, est la *Visitation de la Vierge à sainte Elisabeth*. Elle sert comme de début à l'histoire évangélique. Puis se poursuivent, sans aucune autre interruption, l'*Annonce de la venue du Sauveur aux Bergers*, la *Naissance de Jésus-Christ dans l'étable de Bethléem*, l'*Adoration des Mages*, le *Massacre des saints Innocents* présidé par Hérode lui-même; assis sur son trône, il a pour premier conseiller le démon qui s'attache à sa personne royale; la *Fuite en Egypte*; à l'arrivée du Sauveur, les divinités égyptiennes sont renversées de leurs autels; la *Présentation au temple*; grande simplicité dans les détails : une femme porte des colombes dans un panier, c'est l'offrande légale; Marie soutient le divin Enfant debout sur un autel, tandis que le vieillard Siméon tend ses deux mains recouvertes d'un linge pour le recevoir ; *Jésus au milieu des Docteurs* ; Marie, sa mère, le retrouve enfin dans le temple ; *Jésus, debout dans les eaux du Jourdain, reçoit le baptême des mains de saint Jean* ; les *Noces de Cana* ; le Christ, la Vierge, l'époux et l'épouse sont à table ; l'intendant présente au Sauveur, dans un vase, l'eau changée en vin ; l'*Entrée à Jérusalem*, avec tous les détails de cette scène imposante ; la *Cène* : dans une enceinte crénelée, Jésus est à table avec ses apôtres, saint Jean repose sur la poitrine du Maître ; le *Lavement des pieds* ; enfin la scène admirable du *Jardin des Oliviers*.

Deux cordons de feuillages servent d'encadrement au bas-relief.

Au milieu de la travée, cette inscription : « C'est maître Jehan Bory, maçon de Notre-Dame, pendant l'espace de vingt-six ans, qui commença ces nouvelles histoires, et Jehan Le Boutellier, son neveu, les a parfaites, en l'an 1351. »

Les mystères de la Passion et de la Résurrection du Sauveur se continuaient sur l'ancien jubé. De là, cette lacune vraiment regrettable, dans l'exposé des mystères de la vie du Sauveur. La seconde partie de la face extérieure du chœur, celle qui se trouve au Sud du côté des deux sacristies, ne remonte qu'au quatorzième siècle. Dans une arcature très fine et délicatement découpée, composée de vingt-sept arcs en ogives trilobées et divisées en neuf sections, se montrent, dans la splendeur de leurs enluminures, les différentes apparitions du Sauveur, aussitôt après sa résurrection. C'est d'abord, à gauche de la porte latérale du chœur, *Jésus au milieu des apôtres*, un livre à la main. C'est le saint Evangile qu'ils doivent prêcher à toute créature ; *Il leur apparaît encore une autre fois ;* quelques-uns alors se prosternent pour l'adorer. On voit ensuite la scène de la *Pêche miraculeuse*, et Jésus conversant avec Pierre sur le bord de la mer de Tibériade. A sa sixième apparition, *Jésus confond l'incrédulité de Thomas* en plaçant la main de l'apôtre dans ses plaies. *Apparition du Sauveur aux apôtres assemblés.* Il marche ensuite *entre les disciples d'Emmaüs* et se met à table avec eux : *Nouvelle apparition à quelques apôtres* ; saint Pierre, voyant le Sauveur, se jette à ses pieds. *Il apparaît aux trois Maries prosternées* aussi pour l'adorer. Enfin, sous la forme d'un jardinier, *il se montre à Marie-Madeleine.* Rien de beau comme cette clôture ; les scènes sont charmantes de simplicité ; et l'artiste chargé de la restauration, Maillot aîné, a su en faire ressortir tous les détails, même les plus intimes. « Il sera facile au véritable connaisseur de retrouver dans ces deux clôtures, et malgré les nombreuses modifications qu'elles durent subir avec le temps, la marche progressive de l'art du treizième au quatorzième siècle. » De ce même côté, au-dessous du bas-relief et dans chacune des sections, les noms avec leurs armes des personnages illustres et historiques inhumés dans les caveaux de la métropole. La liste de ces noms nous mènerait trop loin; le visiteur voudra bien s'en rendre compte par lui-même. La dernière inscription est celle de Mgr Darboy, dans la clôture Nord.

2° SANCTUAIRE ET INTÉRIEUR DU CHŒUR

Nous entrons dans le chœur; mais, avant d'en étudier tous les détails, nous conseillons aux visiteurs de jeter un coup d'œil sur son ensemble. Du pied du sanctuaire, le regard plonge facilement dans l'immense nef, et il est facile encore une fois de se rendre compte des vastes proportions de l'édifice.

Le chœur de Notre-Dame est placé entre le sanctuaire et le transept. De la porte principale qui le sépare de la grande nef jusqu'aux marches du sanctuaire, il mesure en longueur 26 mètres, sur une largeur de 11 mètres 66 centimètres d'un pilier à l'autre.

On fait remonter l'origine du chœur de Notre-Dame à Maurice de Sully. Si nous interrogeons l'histoire, le chœur de Notre-Dame conserva jusqu'en 1699 (époque où le cardinal de Noailles fut nommé archevêque de Paris) son caractère primitif. Son pourtour intérieur et son enceinte extérieure avaient reçu, dans les treizième et quatorzième siècles, l'ornementation de l'époque. Le 10 février de l'an 1638 devint comme le premier signal de son embellissement. En mettant sous la protection de Marie sa personne et son royaume, le roi Louis XIII faisait aussi le vœu d'ériger dans l'église de Notre-Dame un autel digne de sa pieuse et royale munificence. Nous donnons volontiers ici la copie de cet acte profondément religieux :

« ... Afin que la postérité ne puisse manquer à suivre nos volontés à ce sujet, pour monument et marque incontestable de la consécration présente que nous faisons, nous ferons construire de nouveau le grand autel de l'église cathédrale de Paris, avec une image de la Vierge qui tienne entre ses mains celle de son précieux fils, descendu de la croix, et où nous serons représenté aux pieds du fils et de la mère comme leur offrant notre couronne et notre sceptre. »

Louis XIII étant mort sans avoir pu remplir cette solennelle promesse, Louis XIV confirma, en 1650, la déclaration de son auguste père. On dit même qu'il voulut lui-même renchérir sur les intentions paternelles. Les embellissements, commencés en 1699, sous la direction et d'après les dessins de Jules Hardouin-Mansart, furent changés (1703) sur ceux de Cotte père et fils.

Le sanctuaire est séparé du chœur par une balustrade, relevée au milieu par deux magnifiques candelabres du style de l'église.

L'autel actuel, fait sur le modèle de celui qui a été brûlé à l'époque de la Commune, et dont on conserve encore quelques débris, est en pierre, son style est romano-byzantin. Les sculptures en sont délicatement faites, et les dorures qui les recouvrent de toutes parts en font apprécier davantage les magnifiques détails. Sur le rétable se découpent gracieusement des ceps de vigne, et sur les trois faces du tombeau des trèfles, au milieu desquels des feuillages de chêne, de lierre et de vignes fouillés avec le plus grand soin. (Le tabernacle en cuivre doré, la croix et les chandeliers, fournis par la maison Poussielgue, sont des œuvres d'art.) Derrière le maître-autel, et au-dessus d'un autre autel plus modeste, un groupe en marbre blanc rappelant le *Vœu de Louis XIII*. La Sainte-Vierge est assise au pied de la croix, tenant Jésus, son fils, sur ses genoux. A ses côtés, deux anges, dont l'un soutient les bras du Sauveur, et l'autre tient la sainte couronne d'épines. La douleur, mais une douleur calme et résignée, est peinte sur la figure de la Vierge. Son attitude est pleine de grandeur; c'est la véritable soumission à la volonté divine. (Ce groupe, éclairé le soir du Vendredi Saint, produit un effet des plus saisissants; il devient pour le chrétien une véritable prédication.) On attribue à Coustoux aîné ce groupe admirable, véritable chef-d'œuvre de sculpture (1723).

A droite du maître-autel, la statue en marbre blanc et grandeur nature de Louis XIII. Il est prosterné aux pieds de la Vierge, lui offrant son sceptre, sa couronne et son royaume. Cette pièce est aussi de Coustoux (1715). Sur le piédestal de marbre rouge, et sur un fond d'or, les armes du monarque. A gauche est la statue en marbre blanc de Louis XIV, à peu près dans la même attitude. On en attribue le travail à Coysevox (1715). Aux pieds des arcades du sanctuaire, six anges en bronze, élevés sur des colonnes de pierre, portent les principaux instruments de la Passion du Sauveur. On en attribue l'initiative à Chavannes; les quatre derniers ont été fondus, dit-on, par Roger Schabol, de Bruxelles. Leur attitude est grande et

noble; quelque chose d'éthéré dans leur physionomie et dans leur ensemble.

Tout autour du sanctuaire, de magnifiques
grilles à jour, recouvertes de dorures, et d'un
travail vraiment remarquable, permettent aux
fidèles de prendre part aux cérémonies de l'autel.
Au-dessus de ces grilles, des couronnes royales,
et sur le cordon placé au-dessous des inscriptions avec les noms de ceux qui ont travaillé à
l'édification ou à l'embellissement du chœur.

Le sanctuaire est pavé en marbre de compartiments; et malgré les dégradations nombreuses
et considérables qu'il a subies, on peut encore
juger de sa merveilleuse exécution. Les armes
de France, placées au milieu, dans une magnifique mosaïque en forme de médaillon et de
marbre différent, offrent tout ce que l'art et la
main-d'œuvre ont produit de plus précieux en
ce genre. Le tapis qui recouvre le sanctuaire
aux jours de fêtes, a été fait à Aubusson et sur
les dessins de M. Viollet-le-Duc. Il trouve bien
sa place au milieu de toutes ces splendeurs.

Le chœur, comme le sanctuaire, est entièrement pavé en marbre. Il est décoré de chaque
côté d'une boiserie sculptée formant dossier
aux nombreuses stalles, et se terminant à
l'entrée de la nef par les deux chaires archiépis-
copales, dont on admire avec raison les balda-

quins. Cette boiserie, en chêne pur, faite sur les dessins de Charpentier, élève de Girardon, est d'une étonnante beauté et d'un travail vraiment remarquable; ses panneaux, alternativement ovales et carrés, sont richement encadrés de pilastres ornés d'arabesques et d'instruments religieux, de magnifiques guirlandes se déroulent tout autour, et des têtes d'anges et de séraphins, sculptées avec soin, en couronnent les côtés supérieurs.

Chacun de ces panneaux mesure un mètre 40 centimètres de hauteur sur une largeur bien proportionnée.

Quatre habiles sculpteurs sur bois y déployèrent tout leur talent, dans les premières années du dix-septième siècle, c'est-à-dire au moment où Louis XIV accomplissait le vœu de son père; ce sont : du Goulon, Belleaun, Taupin et Le Goupel.

(Certains auteurs regardent ce travail comme un des ornements les plus précieux de l'église métropolitaine de Paris.)

Voici, dans leur ordre actuel, les scènes représentées dans chacun des médaillons-panneaux. A gauche, du côté des sacristies, attenant à la porte latérale du chœur : La *Vierge au pied de la croix;* la *Descente de croix;* le *Mystère de la Pentecôte ;* l'*Assomption de la*

Vierge; la *Religion;* la *Prudence;* la *Vigilance;* la *Douceur.* Dans le bas-relief qui sert de fond au trône de S. Em. le cardinal : La *Guérison miraculeuse du roi Childebert par saint Germain.* Dans la boiserie du côté Nord, au fond du trône de Mgr le coadjuteur: Le *Martyre de saint Denis et de ses compagnons;* puis la *Naissance de Marie;* la *Présentation au temple;* l'*Education de la Vierge;* son *Mariage;* l'*Annonciation;* la *Visitation;* la *Naissance de Notre-Seigneur;* l'*Adoration des Mages* (1).

Les autres boiseries, supprimées à l'époque de la restauration dernière du chœur, sont conservées précieusement dans une des chambres du presbytère.

Les stalles, au nombre de quatre-vingt-trois, ont été exécutées sur les dessins de du Goulon, sculpteur du roi Louis XIV, et les deux chaires épiscopales, sur ceux de Vassé. Le travail, confié à Louis Marteau et à Jean Nel, a duré pendant près de quinze ans.

Dans la rangée basse des stalles du côté Nord, se trouve l'orgue du chœur, dont on voit la montre et l'élégant buffet au-dessus de la corniche des boiseries, et remplissant la partie supérieure de l'ogive. Le facteur, M. Merklin,

---

(1) L'église de Guise (Aisne) possède, dans une de ses chapelles latérales, quelques médaillons du même genre.

dont le nom bien connu est acquis aujourd'hui
à l'histoire de la facture moderne, a surmonté,
dans la disposition de son instrument, de sérieuses difficultés. Aussi, le jury d'examen,
dans les rangs duquel nous voyons figurer plusieurs célébrités musicales, a-t-il été unanime
« à reconnaître la parfaite exécution des travaux et le talent incontestable dont ce facteur a
fait preuve dans toutes les parties de son
œuvre. » L'orgue du chœur de Notre-Dame a
deux claviers manuels, un pédalier, un certain
nombre de pédales de combinaison et une boîte
d'harmonie. Dix-sept registres répartissent l'harmonie générale sur les deux claviers. « Malgré ce nombre restreint des jeux, l'instrument
offre les principaux effets d'un grand orgue et
possède les différentes familles de jeux ; c'est ce
qui explique sa supériorité sur les autres instruments de la même importance. » Enfin, grâce à
l'heureuse disposition de la partie instrumentale,
les ondes sonores se répandent dans le chœur et
dans les profondeurs de l'édifice, sans secousse
et sans dureté, et l'accompagnement, destiné,
avant tout, à servir l'office canonial, ne se con-
vertit en rien en une condition tumultueuse et
fatigante. » (Extrait du procès-verbal.)

Le rapport de réception porte la date de
1863, et les signatures de MM. Surat, vicaire gé-

néral; plusieurs chanoines; J. d'Ortigue, Edouard Batiste, Danjou, F. Clément, Pollet (maître de chapelle dont on gardera longtemps le souvenir) et Sergent, organiste titulaire du grand orgue.

Depuis 1877, M. l'abbé Geispitz, ancien organiste de la cathédrale de Soissons, et maître de chœur à l'église collégiale de Saint-Quentin, exerce les fonctions de maître de chapelle à Notre-Dame de Paris. En lui confiant cette mission aussi importante que délicate, S. Em. Mgr le cardinal Guibert, archevêque de Paris, a renoué la chaîne traditionnelle, interrompue depuis 1790 par la mort de M. l'abbé Homet.

Au milieu du chœur, deux lutrins, d'une certaine valeur artistique, servent au chant des offices canoniaux. Sur le plus 'grand, un aigle avec les ailes déployées et soutenant le chiffre de Marie en caractères d'or, domine un magnifique piédestal en bronze. Autour et en relief, les emblèmes des quatre Evangélistes et les figures des douze Apôtres. Au sommet du piédestal du plus petit lutrin, les trois vertus personnifiées : la Foi, l'Espérance et la Charité, sculptées en bois.

En dehors de ces deux lutrins, quatre pupitres en fer doré, dont deux de chaque côté sont au service ordinaire du chant. Au-dessous du lutrin principal se trouve le caveau des archevêques de Paris. Il n'est ouvert que le jour des obsèques d'un archevêque.

A la hauteur des boiseries, quatre lustres (dont deux de chaque côté), du style de l'église, servent pour les illuminations du chœur à certaines fêtes plus solennelles de l'année. Huit autres de même grandeur et du même style sont suspendus à la voûte de la grande nef, formant cortége à la magnifique couronne ouvragée qui en ornemente le milieu. Depuis la disparition de l'ancien jubé, une grille ouvragée ferme le rond-point de l'entrée du chœur, et une autre, à la hauteur des degrés et rattachée par deux colonnes carrées, court le long des deux nouveaux jubés. Le tapis qui recouvre le chœur à certaines solennités, est un chef-d'œuvre des Gobelins ; il a été fait pour le sacre de Napoléon Ier. C'est un cadeau de l'Empereur à la métropole de Paris.

Enfin, deux statues déjà anciennes se tiennent adossées aux deux piliers de l'entrée du chœur. C'est, d'un côté, à droite, Notre-Dame, et de l'autre, à gauche, saint Denis. « La première, rapportée de l'extérieur, est, selon certains auteurs, la plus ancienne de toute l'église. »

Le chœur est surmonté, lui aussi, d'une immense galerie, où se presse la foule à certaines solennités de l'année. Ces galeries, comme celles de la nef, s'ouvrent sur des ogives à triple arcature, surmontées d'une ouverture dite porte-feuille, elles sont garnies sur le devant de rampes de fer, et elles sont éclairées, soit par des roses, soit par des fenêtres en grisailles. Du haut de ces galeries, on a un magnifiqne coup d'œil sur le chœur. Elles sont soutenues par 108 colonnettes élégantes et légères. Une galerie plus étroite, mais interdite au public, établie au-dessus des portes latérales, met en communication les galeries du chœur avec celles de la nef.

On voit par là que l'architecture du chœur et de l'abside ne diffère de celle de la nef que par certains détails plus particuliers au style mi-roman. « Comme celles de la nef, les colonnes du chœur et de l'abside portent des faisceaux triples qui s'élèvent jusqu'à la hauteur des voûtes. » Les vitraux des ogives simples du chœur portent tous des sujets ou personnages. Partagés en deux compartiments, ils sont couronnés en haut par une rose. Voici, dans leur ordre actuel, en partant du milieu, les noms de ces différents per-sonnages : Au milieu, c'est-à-dire au fond de l'abside : la Sainte Vierge et Notre-Seigneur Jé-sus-Christ (*le Salve Regina*) ; à droite, Marie et sa cousine Elisabeth (*la Visitation*), Eudes de Sully et saint Marcel, saint Augustin et saint Jérôme, saint Luc et saint Jean, Daniel et Jérémie, David et Abraham, et dans la plus petite fenêtre, saint Maurice et saint Georges. A gauche, en partant toujours du milieu, la sainte Vierge et l'archange Gabriel (*l'Annonciation*), Maurice de Sully et saint Denis, saint Grégoire et saint Ambroise, saint Marc et saint Matthieu, Ezéchiel et Isaïe, Aaron et Melchisédec, et dans la plus petite fenêtre, saint Laurent et saint Etienne. Voici maintenant dans leur ordre actuel les noms des personnages retracés dans les médaillons qui couronnent les fenêtres. Remontant de gauche à droite : Moïse, saint Philippe, saint Thomas, saint André, saint Pierre (un ange tenant en ses mains une inscription), saint Paul, saint Jacques, saint Barthélemy, saint Timothée, saint Jean-Baptiste.

Au-dessous des sujets, des anges, gracieusement dessinés, portent sur des bandelettes les titres augustes de Marie que l'Eglise lui a consacrés dans ses admirables litanies.

En sortant du chœur, jetons de nouveau un coup d'œil dans la nef. La chaire en bois sculpté, véritable chef-d'œuvre de sculpture, date de 1868. Elle a été faite par M. Mirgon et d'après les dessins de M. Viollet-le-Duc. Autour du soubassement, les apôtres ; au-dessus, et faisant ornement au dais, plusieurs anges et les symboles des quatre Evangélistes. La chaire de Notre-Dame rappelle les plus beaux souvenirs de l'éloquence chrétienne. En face, au milieu du banc-d'œuvre, un grand christ en bois sculpté. On attribue au même artiste les magnifiques tambours placés aux portes, à l'intérieur de l'église.

Transept Nord.

Nous arrivons au transept Nord. Mêmes beautés de sculpture que dans le transept méridional, même richesse de peintures sur les surfaces planes de la muraille; enfin, même brillant dans la coloration et le développement de la rose.

La chapelle placée dans ce transept, et qui correspond à celle de l'Annonciation, dans le transept méridional, porte le nom de *Chapelle de saint Etienne*. Les magnifiques fresques qui servent de fond à l'autel rappellent sa vie et son martyre glorieux. Au pourtour, une rangée de saints évêques indique les sources et montre la tradition de la longue chaîne des évêques de Paris. Ce sont, en quittant l'autel, saint Pierre, saint Denis, saint Rustique, saint Eleuthère, saint Marcel, saint Germain (1),

____

(1) Portrait de M. de Place.

saint Céraune, saint Landry, saint Agilbert, saint Hugues, saint Guillaume, évêque, et le cardinal Pierre de Luxembourg. Ces peintures sont aussi de M. Perrodin, dont nous avons déjà parlé.

Dans les deux vitraux placés au-dessus des galeries sont représentés saint Irénée et saint Hilaire, saint Léon III et saint Charlemagne. Les personnages représentés dans les vitraux qui servent comme de soubassement à la grande rose sont, en commençant par la gauche : Roboam, Aza, Josaphat, Joram, Joas, Ananias, Ozias, Saül, David, Salomon, Joathan, Achaz, Manassès, Ezéchias, Amos, Josias, Joachim, Sédécias... Enfin, la grande rose, comme celle du transept Sud, renferme quelques sujets bibliques et quelques saints évêques ayant appartenu à l'histoire de l'Eglise de Paris, et qui tous rayonnent autour de l'image de Notre-Dame.

CHAPELLES DU BAS-COTÉ NORD

Aussitôt après le transept, et dans le bas-côté septentrional, la première chapelle est la *chapelle de Sainte-Clotilde*. La décoration de cette chapelle est riche et variée. L'harmonie générale des peintures est dans les tons pourpres, chauds et bleus. Ce genre de décoration exigeant des touches d'or assez fréquentes, l'artiste a relevé ses tapisseries par des rosaces fleurdelisées, or et pourpre. La statue de la sainte reine de France est posée derrière le tabernacle, sur un fond de tapisserie. Elle est en bois et artistement décorée. Son chiffre, en lettres d'or, s'harmonise très bien avec les peintures. La colombe placée au-dessus du vase, au fond de la piscine, rappelle le baptême de Clovis par saint Remy.

L'harmonie générale des peintures de la *chapelle de Saint-Landry* est chaude, dans une tonalité douce. Le saint évêque de Paris, l'un des principaux fondateurs de l'Hôtel-Dieu, est représenté debout, et à ses pieds un immense hôpital. Cette chapelle, dont la restauration remonte à 1866, est un souvenir des Dames de la visite des hôpitaux. Le fond de l'autel, la piscine, la frise qui sépare les tapisseries latérales du tympan, enfin, la peinture qui sert comme de soubassement à la fenêtre, tout y est remarquable. Le chiffre du saint, les crosses et le crénelage supérieur rappellent aux visiteurs le nom et aussi la qualité de ce saint évêque, dont l'histoire de Paris a enregistré avec amour et reconnaissance les nombreux bienfaits.

La *chapelle de Saint-François-Xavier* est un souvenir des Dames de l'Œuvre apostolique, en

1866. L'apôtre infatigable des Indes et du Japon est représenté debout, baptisant un jeune néophyte. L'harmonie générale est claire et brillante. Ce qu'il y a de remarquable et de vraiment ingénieux dans l'exécution des peintures, c'est que l'artiste a dû fortement colorer de tons sombres la tapisserie placée sous les fenêtres, et à contre jour, et cela afin de donner plus de légèreté aux parois latérales sur lesquelles tombe obliquement la lumière. Nous remarquons également la peinture qui sert de fond à la statue, derrière l'autel, la piscine surmontée du chiffre du saint, enfin la frise de couronnement des tapisseries latérales. Le voile de sainte Véronique, attaché sur ce même fond, est l'expression d'un vœu émis autrefois par l'une des donatrices de la chapelle.

Au contraire, l'harmonie générale de la *Chapelle de Saint-Vincent de Paul* est claire et froide; les tons en sont rompus. Une magnifique statue de l'apôtre de la charité se dresse au-dessus du tabernacle. Une sœur de charité et quelques pauvres mendiants forment le soubassement. Une inscription placée au-dessus de la piscine, dont les décors sont gracieux et délicats, rappelle que cette chapelle a été restaurée aux frais des Dames de l'Œuvre des pauvres en 1866. Sur le fond gris verdâtre se détachent,

en pourpre claire, les monogrammes *Charitas,
Charité.* La décoration qui surmonte l'autel,
derrière la statue du saint, le tabernacle et les
piliers de l'autel, dénotent chez leurs auteurs un
goût exquis et une grande intelligence.

La *Chapelle de la Sainte-Enfance* a été restaurée la même année, et aux frais des associés
de l'Œuvre. C'est ce qu'indique l'inscription
placée au haut de la piscine. Le groupe placé
derrière le rétable, et sur un fond riche et sévère, représente Notre-Seigneur au milieu de
deux petits enfants, un Français et un Chinois.
C'est la réalisation de cette parole du Sauveur :
« *Laissez venir à moi les petits enfants.* » Tout
est à remarquer dans cette chapelle ; les détails
les plus intimes y ont été traités avec le plus
grand soin. L'harmonie générale est nacrée,
avec quelques tons vifs toutefois, afin de réveiller l'ensemble des peintures tenues dans
une tonalité presque froide.

La statue qui se trouve dans la *Chapelle de
Saint-Charles*, et qui représente le saint debout
et dans l'attitude de la véritable humilité, est
vraiment remarquable ; on y retrouve la figure
traditionnelle du saint. Comme pour la chapelle
de Saint-Vincent de Paul, l'harmonie générale
des peintures est froide et sombre, et tous les
tons en sont rompus ; ce qui n'empêche pas les

détails de ces mêmes peintures d'être admirables de goût, de dessin et d'exécution : ainsi, la décoration qui surmonte le rétable et le fond sur lequel se détache la statue ; la peinture du tabernacle et du pilier central de l'autel ; enfin, la piscine, le soubassement et la bordure qui sert comme d'encadrement à la muraille.

La *chapelle des Fonts-Baptismaux*. — Nous ferons remarquer avec raison que « toute la partie inférieure de cette chapelle étant occupée par des boiseries en chêne et par une armoire peinte en rouge laqueux et or, l'artiste a dû tenir ses peintures décoratives dans un ton relativement doux. Les détails de ces peintures sont sobres et délicats, et cela, afin de laisser l'attention des visiteurs se reposer sur les fonts baptismaux en bronze qui tiennent le milieu de la chapelle. »

La statuette de saint Jean-Baptiste, qui se tient au sommet du couvercle de la cuve, mérite d'être mentionnée ; on la regarde, en effet, comme un objet d'art ; ainsi que les symboles des quatre Evangélistes et les douze Apôtres. On attribue ce travail à M. Bachelier, mais d'après les dessins de M. Viollet-le-Duc. Nous ferons également remarquer la tapisserie-fresque qui décore les murs latéraux de cette chapelle dépourvue d'autel. La distribution intérieure de la cuve et sa grandeur exceptionnelle permettent de faire quatre baptêmes à la fois.

Nota. Chacune des chapelles des bas-côtés, à l'exception de cette dernière, renferme un confessionnal. La forme en est généralement simple et sévère, et l'exécution matérielle en est soignée.

Nous terminons ici la visite des nombreuses chapelles latérales et absidales de la métropole. Elles sont au nombre de vingt-cinq, ainsi partagées : six dans le bas-côté méridional (à droite) et une dans le transept; dix dans le pourtour du chœur et l'abside; une dans le transept Nord (à gauche), et sept dans le bas-côté septentrional.

Avant de quitter ce magnifique sanctuaire, prosternons-nous aux pieds de cette Vierge bénie qui, placée à l'entrée de l'église, semble vouloir protéger tous ceux qui la visitent avec esprit de foi, et prions-la de bénir notre voyage et nos entreprises. La parole de saint Bernard sera toujours vraie : « *Jamais on n'implore Marie en vain.* » Parole bien consolante et surtout bien encourageante. Des cierges, symboles de la piété et de la charité, brûlent toujours en très grand nombre aux pieds de cette statue, objet d'ailleurs de la dévotion particulière des Parisiens. De magnifiques bouquets parfument souvent l'entrée de ce petit sanctuaire. L'ensemble de la peinture est clair et brillant. Une magnifique auréole sert de fond à la statue. Une inscription indique que Marie demeure notre sauvegarde. Enfin, dans les bordures latérales, les litanies figurées de la Sainte Vierge. A côté, une pierre tombale rappelle une des scènes du jugement. Méditons-la et emportons de cette méditation un souvenir précieux et durable.

Notre-Dame de Paris, patronne et protectrice de la France, protégez-nous! priez pour nous!

TROISIÈME PARTIE

RELIGION

1º Archevêché de Paris.

Depuis saint Denis, premier évêque et premier martyr de l'Eglise de Paris, vers la fin du troisième siècle de l'ère chrétienne, jusqu'à Jean-François de Gondy, revêtu le premier, en 1622, de la dignité archiépiscopale, on compte cent dix évêques, parmi lesquels dix cardinaux et plusieurs autres chanceliers. L'Eglise en honore huit comme saints (1). Nous aimons à les retrouver dans les peintures du transept Nord de la métropole.

Sans vouloir entrer ici dans d'autres détails, la première tentative pour ériger le siége de Paris en archevêché et le rendre, par conséquent, indépendant de celui de Sens, auquel il avait jusque-là appartenu, date déjà du règne de Charles V. Ce fut Aiméric de Maignac, alors évêque de Paris, qui, le premier, en ouvrit les

---

(1) On célèbre leur fête le 3ᵉ dimanche de juillet.

négociations auprès du Saint-Siége (1376). Le pape Grégoire XI, malgré les liens étroits qui le rattachaient à l'Eglise de Paris (puisqu'il sortait des rangs mêmes de son chapitre), ne crut pas devoir donner suite à ce projet. Il se contenta d'accorder le *Pallium* aux évêques de la capitale. Plus de deux siècles s'étaient écoulés, et Paris avait déjà conquis le titre et les priviléges de capitale du royaume, que l'on n'osait encore renouveler la demande à la cour de Rome. Louis XIII, qui laissa tant de souvenirs à Notre-Dame, fut le premier qui renoua cette négociation vainement tentée par Charles V. Cette fois, elle réussit complétement, et le 20 octobre 1622, Grégoire XV érigeait le siége de Paris en archevêché (1). Meaux, Chartres, Orléans et Blois en devinrent les suffragants. Depuis cette époque, favorable à tous égards pour l'Eglise de Paris, dix-sept archevêques se sont succédé sur le siége archiépiscopal de Paris; et depuis saint Denis jusqu'à nos jours, cent vingt-sept prélats ont gouverné l'Eglise de Paris.

Son Eminence Mgr le cardinal Guibert, gouverne aujourd'hui l'Eglise de Paris depuis

---

(1) L'archevêché se trouve actuellement rue de Grenelle-Saint-Germain, 95. Les bureaux sont ouverts tous les jours de la semaine, de midi à deux heures.

tantôt huit ans (1871). Nous aimons à retrouver dans ce vénérable et bien-aimé pontife toutes les vertus et toute la science de ses illustres prédécesseurs. A des connaissances profondes, Mgr Guibert joint une grande fermeté. Sa prudence, sa sagesse, son immense expérience, et enfin son dévouement sans bornes au Saint-Siége, en font une des plus grandes figures de l'épiscopat français.

Mgr Guibert s'est adjoint, dans l'administration de son vaste diocèse, Mgr Richard, avec le titre de coadjuteur et avec future succession. Mgr Richard est le digne émule de la science et des vertus de Son Eminence Mgr le Cardinal.

2° Chapitre de l'église métropolitaine de Paris.

L'origine du chapitre métropolitain de Notre-Dame de Paris est très ancienne dans l'histoire de cette église. Nous en trouvons déjà les premiers vestiges dans une charte de l'évêque Inchade, mort en l'an 811, et par laquelle il cédait aux chanoines de cette époque plusieurs terres et villages appartenant à l'église de Paris, avec toutes leurs dépendances. Certains historiens, s'appuyant sur les mêmes données, prétendent même qu'à cette époque aussi se sont formées les prébendes canoniales de la métropole.

Depuis l'époque de l'organisation primitive du chapitre de Notre-Dame, les chanoines sont souvent appelés, dans les anciens actes, les *Frères de Sainte-Marie*. Une charte de Charles le Simple (909) les désigne sous ce nom.

Le chapitre métropolitain de Notre-Dame de Paris fut, dès le principe, l'un des plus considérables et des plus distingués de la France entière; aussi recommandable par sa science et par ses lumières que par sa régularité, déjà même, à cette époque, on le prenait pour modèle, on le consultait avec confiance, et l'on recevait avec respect toutes ses décisions.

Ce magnifique témoignage, déjà confirmé par l'histoire, recevait encore dernièrement une nouvelle consécration de la bouche même d'un des membres les plus éminents du Sacré-Collége.

Le chapitre de Paris, si nous consultons ses archives, a donné à l'Eglise six papes: Grégoire IX, Adrien V, Boniface VIII, Innocent XI, Grégoire XI et Clément VII; 32 cardinaux, 40 archevêques et près de 200 évêques. En dehors de ces dignitaires, il est d'autres noms illustres dans l'histoire et dans les sciences.

Ces résultats vraiment extraordinaires cesseront de nous étonner quand nous saurons que, dès son principe, « le mérite et les talents étaient toujours admis et préférés » dans cet illustre collége. Et si, de nos jours, les traditions semblent interrompues de ce côté, c'est qu'une sainte modestie impose à ces hommes de Dieu, blanchis pour la plupart dans les fatigues d'un ministère long et fécond en bonnes œuvres, le double devoir du silence et de l'oubli. Mais Dieu, qui sonde les cœurs et les reins, sait déjà leurs mérites; il a enregistré leurs victoires; ils sont déjà, en sa présence, tout resplendissants de la double auréole de la prière et du sacrifice.

La création du chapitre actuel de la métropole date du Concordat (1802). Il se compose de trois vicaires généraux, qui ont le titre d'archidiacres, et de 16 chanoines titulaires, dont un doyen et l'autre curé-archiprêtre de Notre-Dame. A ces 16 chanoines titulaires se joignent 6 chanoines prébendés. Le nombre des chanoines honoraires n'est pas déterminé.

Au chapitre métropolitain se joignent MM. les vicaires de chœur, appelés aussi vicaires du chapitre.

ÉGLISE NOTRE-DAME DE PARIS

Érigée en basilique mineure, par N. S. P. le Pape Pie VII,
le 27 février 1805.

PERSONNEL ECCLÉSIASTIQUE

Son Eminence Monseigneur
Le Cardinal GUIBERT (Joseph-Hippolyte)

Né à Aix (Bouches-du-Rhône), le 13 décembre 1802, sacré
à Marseille évêque de Viviers, le 11 mars 1842, transféré
le 4 février 1857 à l'Archevêché de Tours, préconisé le
19 mars suivant, transféré le 19 juillet 1871 à l'Archevêché de Paris, préconisé le 27 octobre, a pris possession le 27 novembre de la même année, créé cardinal-
prêtre de la sainte Eglise romaine, du titre de Saint-Jean
devant la Porte Latine, le 22 décembre 1873.

Sa Grandeur Monseigneur
François-Marie-Benjamin RICHARD

Né à Nantes le 1er mars 1819, nommé évêque de Belley le
16 octobre 1871, préconisé le 22 décembre suivant, sacré
le 11 février 1872, préconisé archevêque de Larisse *in
partibus infidelium* et coadjuteur, avec future succession,
de S. Em. le Cardinal Guibert dans le consistoire du
5 juillet 1875.

Vicaires généraux.

MM. LAGARDE, archidiacre de Notre-Dame.
CARON, archidiacre de Sainte-Geneviève.
D'HULST, archidiacre de Saint-Denis.
ICARD, supérieur du séminaire de Saint-Sulpice.
LEGRAND, curé de Saint-Germain-l'Auxerrois.
PETIT, chancelier de l'Archevêché.

7

Secrétariat.

MM. REULET, chanoine titulaire, secrétaire particulier de
Son Eminence.
FAGES, chanoine honoraire, secrétaire particulier de
Mgr le Coadjuteur.
PELGÉ, chanoine, vice-chancelier de l'Archevêché.
POUDROUX, secrétaire.

ALLAIN, chanoine titulaire, official.
QUINARD, chanoine honoraire, promoteur.
DE COURCY, chanoine honoraire, vice-promoteur

—

CHAPITRE DE L'ÉGLISE DE PARIS

Chanoines d'honneur.

NOSSEIGNEURS

LAVIGERIE, archev. d'Alger.
DE LA BOUILLERIE, archev.
de Perga, coadj. de Bordeaux.
LE COURTIER, archevêque de
Sébaste.
LANGÉNIEUX, archevêque de
Reims.
DUPANLOUP, évêque d'Orléans.
DE DREUX-BRÉZÉ, évêque
de Moulins.
MARET, évêque de Sura.

NOSSEIGNEURS

RAVINET, ancien évêque de
Troyes.
MEIGNAN, évêque de Châlons.
PLACE, archevêq. de Rennes.
HUGONIN, évêque de Bayeux.
FOULON, évêque de Nancy.
FREPPEL, évêque d'Angers.
BOURRET, évêque de Rodez.
DUQUESNAY, évêque de Limoges.
JOURDAN, évêque de Tarbes.
COULLIÉ, évêque de Sidonie,
coadjuteur d'Orléans.

Chanoines titulaires.

MM. DEDOUE, doyen du Chapitre.
CHENAILLES, maître des cérémonies, bibliothécaire.
LAURENTIE, théologal.
REBOUL.
LATROUCHERIE.
PRADINES.
LARTIGUE, pénitencier

MM. PERETTI, secrétaire du Chapitre.

DE GESLIN, archiprêtre et trésorier du Chapitre.

PETIT, vicaire général, chancelier de l'Archevêché.

RAVIER.

ALLAIN, official diocésain.

LECOINTRE.

DENYS.

REULET, secrétaire particulier de Son Eminence.

GENTIL.

Chanoines prébendés.

MM. JAMMES.

SERRES.

CABANETTES, second maître des cérémonies

LE GUILLOU.

DE BONNIOT (Victor).

MICHEL.

Anciens chanoines titulaires résidents.

MM. LEGRAND, ancien archiprêtre, de Notre-Dame, curé de Saint-Germain l'Auxerrois, vicaire général.

CASTAN, ancien curé de Saint-Pierre du Gros-Caillou.

Chanoines honoraires résidents.

MM. HAMELIN.	MM. CHARLES.	MM. FOROT.
PÉTÉTOT.	DESCOURTILS	BERTAUX.
GLAIRE.	DE MONT-	PIOT.
MILLAULT.	BERTOIN.	REINBURG.
MOREL.	DE VALOIS.	ROY.
GUESNIER.	SUQUET.	CONIL.
DE ROLLEAU.	LE REBOURS.	LEDEIN.
CATHELIN.	NOIROT.	DE COURCY.
MEGE.	SALESSE.	DE BROGLIE.
JOUSSELIN.	LAINE.	POUDROUX.
DE GIRARDIN.	LOCATELLI.	FAGES.
DELHOM.	PELGÉ.	QUINARD.
FABRE (H.).	COGNAT.	BRUNIS.
BARGÈS.	HAUTIN.	HEUQUEVILLE
DE BUSSY.	DARSSES.	
ROQUETTE.	CROZES.	

Chanoines honoraires non résidents.

MM. Juste.   MM. Castan (E.).   MM. Noel.
    Estève.   Coquand.   Mayeux.
    Borret.   Portal.
    De Conny.   Delaunay.

Vicaires de chœur du Chapitre.

MM. Lépicier, régulateur.
    Borel.
    Bontemps (Théodore), prêtre trésorier.
    Vassel.
    Gédon.
    Geispitz, maître de Chapelle.

    Dufour, sous-bibliothécaire du Chapitre.

3° Maîtrise métropolitaine de Notre-Dame.

La maîtrise de Notre-Dame s'est longtemps confondue avec la célèbre institution qui, sous le nom d'école du cloître de Notre-Dame, a jeté un grand éclat au moyen âge. Ses origines remontent aux premiers siècles de l'ère chrétienne. L'histoire nous apprend que, dès l'an 350, les évêques de Paris eurent la pensée de faire instruire dans leur cathédrale de jeunes clercs pour opposer un enseignement chrétien à l'enseignement tout païen donné à Paris par certaines écoles, sous l'influence de Julien l'Apostat.

Sous l'évêque Prudent, vers 390, le chant

de ces jeunes clercs acquit une célébrité qui devait atteindre son apogée sous saint Germain, au sixième siècle. Fortunat nous décrit en vers pompeux la beauté des cérémonies et des chants à cette époque dans l'antique église de Sainte-Marie. Les études littéraires étaient dès lors au niveau des études musicales.

Saint Marcel, mort en 430, ne dédaignait pas d'enseigner la grammaire aux jeunes élèves du cloître. Plus tard, les disciples de saint Germain se distinguèrent par leur science non moins que par leur piété sur les siéges épiscopaux du Mans et de Saint-Brieuc.

La création de l'Université déplaça le centre des études théologiques, qui avait été jusqu'alors à Notre-Dame; mais il y resta une école de grammaire, dont les élèves, sous le titre d'enfants de chœur, eurent la fonction d'exécuter les cérémonies et les chants de la métropole; et cette école continua à jouir d'une célébrité assez grande pour attirer l'attention de l'illustre chancelier Gerson. Nous avons de lui un règlement détaillé qui détermine l'emploi de la journée des élèves; on y admire la prudence la plus délicate unie aux sentiments d'une tendre piété. Le plan d'éducation du chancelier est tout ecclésiastique, on pourrait même dire monastique.

Il fut mis en vigueur jusqu'en 1789 avec la plus grande fidélité, et aucun corps ne fut jamais plus jaloux de conserver ses usages et ses coutumes que celui des enfants de chœur de Notre-Dame, souvent cité par les auteurs liturgistes comme témoins des traditions anciennes de l'Eglise.

C'est pour perpétuer au milieu de nous et dans notre antique métropole ces heureuses et saintes traditions, que l'autorité diocésaine rétablit, en 1876, la maîtrise de Notre-Dame, et lui rendit ainsi sa première splendeur. Aujourd'hui, grâce à la direction de la maison, aussi intelligente que dévouée, « la maîtrise de la cathédrale, on l'a dit, et nous aimons à le répéter, n'est plus seulement la maîtrise de Notre-Dame, elle est devenue en quelques mois la maîtrise de Paris. »

Maîtrise de Notre-Dame, rue Massillon, 6.

MM. Paguelle de Follenav, directeur.
Stiltz, sous-directeur.
Rosquin, professeur.
Lepite, professeur.
La maîtrise est composée de 40 enfants.

PERSONNEL LAIQUE DE NOTRE-DAME

MM. Sergent, organiste titulaire du grand orgue.
L. Doublet, élève de la maîtrise, assistant du maître de chapelle.

Chantres.

Lefeuvre, Brassard, Leroy, Duval, Péron, Rémy

Ténors.

Tardif, Grambade, Barsagols.

Baryton.

A. Quirot.

Contre-Bassistes.

Navay, Schubert.

Sacristains du Chapitre.

Soumart, Borie.

Huissiers.

Durieux, Debuire.

Sacristains de la Paroisse.

Rosset, Toneriaux.

Suisses.

Dubreuil, Lerubeus.

Service du petit orgue.

P. Serre.

Sonneur.

Hervé.

SOLENNITÉS RELIGIEUSES A NOTRE-DAME DE PARIS

1° OFFICES DU CHAPITRE

Nous n'avons pas à faire ici l'histoire tout entière du culte religieux à Notre-Dame de Paris. Nous dirons seulement, résumant la pensée de plusieurs historiens, que déjà « dès le treizième siècle, l'église de Notre-Dame avait acquis une haute importance religieuse, et que nulle part le culte n'était célébré avec un appareil plus auguste. » Plusieurs siècles nous séparent de cette époque, et cependant, nous nous plaisons à retrouver encore aujourd'hui dans nos solennités ces nobles et pieuses traditions; « ce magnifique reflet de l'esprit humain dilaté, agrandi, divinisé même par les sublimes et si touchantes croyances du christianisme, et qui s'en va demander aux beaux-arts et à la liturgie des expressions, des images, des pompes dignes de la hauteur de ses pensées, de la grandeur de ses affections, de ses espérances et de ses craintes; cette magnifique réverbération, enfin, de *la lumière qui éclaire tout homme venant en ce monde.* » Tant il est vrai que le culte catholique comme la pensée qui l'a fait naître, demeure toujours le même, fort et immuable comme celui qu'il chante et qu'il prie!... Tout, d'ailleurs, dans notre vieille métropole, concourt à donner à nos cérémonies religieuses cette pompe et ce développement qui leur sont indispensables aussi bien pour la beauté du culte que pour l'édification des fidèles; les proportions colossales du vaisseau, la hardiesse contenue de ses lignes, l'élégance de son architecture, la sainte obscurité du lieu, les vitraux coloriés, les saints sculptés et même la pierre, « seule capable de répondre aux accents pleins et retentissants de l'orgue, de l'orgue instrument vraiment religieux, dont la voix mâle et l'allure majestueuse sont loin d'être remplacées par la souplesse et la prestigieuse vivacité de nos orchestres; » l'inspiration naïve et grandiose des chants, heureusement interprétés par les voix douces et variées des enfants; et ces autres lévites (1), munis de leurs encensoirs et de leurs cierges, symboles vivants de leur foi et de leur charité; enfin, et par-dessus tout, à certaines époques plus privilé-

____

(1) Le petit séminaire Saint-Nicolas-du-Chardonnet prête tous les dimanches son édifiant concours aux cérémonies de Notre-Dame.

giées de l'année, la présence de saints pontifes, ajoutant aux splendeurs premières une splendeur toute nouvelle. » Aussi éprouve-t-on, dans ces pieux rendez-vous, toute la puissance de la musique et de la langue des signes religieux. « Détaché un instant des choses de la terre, écrivait, il y a quelques années, un ministre protestant témoin de nos cérémonies, on se croit transporté au milieu d'une vision de l'Apocalypse... » Puis il ajoutait : « Il faut avouer que la liturgie catholique est un chef-d'œuvre digne du christianisme et de la reconnaissance d'un peuple policé qui lui doit sa civilisation . »

L'introduction de la liturgie romaine dans l'archidiocèse de Paris compte déjà plusieurs années. Le mandement de Son Em. Mgr le cardinal archevêque de Paris, annonçant au clergé l'adoption de cette liturgie, porte la date du 1er novembre 1873.

De sérieuses tentatives avaient été faites précédemment, et nous savons « que déjà, sous Mgr Sibour, cette adoption avait été décidée en principe et consentie par le vénérable chapitre de la métropole. « On ne pouvait, ajoute Son Eminence, rester plus longtemps à Paris dans un isolement qui aurait formé une dissonance plus que choquante avec l'unanimité des autres églises. Il fallait obéir à une force qui a sa rai-

son d'être dans des principes si respectables
qu'on ne pouvait leur résister légitimement. La
liturgie romaine, d'ailleurs, qui nous fait prier
avec le vicaire de Jésus-Christ, nous associe
aussi plus expressément à la médiation du Pontife éternel, et nous met plus parfaitement en
communauté de prières avec tous les fidèles qui
sont sur la terre... » Enfin, à quelques exceptions près, la magnifique unité de l'Eglise s'é-
tale dans ces rites sacrés, et le fidèle qui assiste
aux fêtes religieuses « *est frappé d'admiration
en voyant l'ordre et la beauté du camp d'Israël.* »

Le chant adopté pour l'archidiocèse de Paris
est le chant publié d'après l'édition imprimée
par P. Valfray, en 1669, et le cérémonial en
usage est celui du R. P. Levavasseur, de la
congrégation du Saint-Esprit, en attendant
qu'un cérémonial plus particulier à l'Eglise de
Paris soit terminé et rendu obligatoire. Ce
cérémonial, nous nous plaisons à le reconnaître, est accompli jusque dans ses plus intimes détails; et le chant, qui nous rappelle si
bien, dans son mode d'exécution, le chant consacré par Gerson, a pris, depuis quelques années
déjà, un essor tout nouveau.

« Attirés par ce double courant, le nombre des pieux fidèles grandit tous les jours, et
les nefs si longtemps désertes de la majes-

tueuse basilique se sont repeuplées d'un auditoire assidu et sympathique. »

Les offices du chapitre se font régulièrement à Notre-Dame de Paris, et avec toute la pompe qui convient aux différents rites des fêtes.

Le dimanche et les jours de fête, la messe solennelle se chante à dix heures, et la semaine à neuf heures. L'office de l'après-midi, à part quelques rares exceptions, se chante à deux heures. L'un et l'autre sont précédés et suivis des petites heures, ou psalmodiées ou chantées.

Les fêtes principales de l'année sont précédées, la veille, du chant des *Matines* et des *Laudes*. La magnifique sonnerie de Notre-Dame en indique les heures.

Plusieurs services solennels et de fondation sont chantés pendant l'année pour Nosseigneurs les archevêques défunts et quelques membres du chapitre métropolitain. Ce sont :

Le 4 janvier, service anniversaire pour Monseigneur Sibour ;

Le 14 janvier, service anniversaire pour Son Eminence le cardinal Morlot, archevêque de Paris ;

Le 15 janvier, service anniversaire pour Monseigneur de Quélen, archevêque de Paris ;

Le 16 janvier, service anniversaire pour

M. J.-B. Cauvin, chanoine titulaire de l'Eglise de Paris ;

Le 24 mai, service anniversaire pour Monseigneur Darboy, archevêque de Paris, mis à mort en haine de la foi (24 mai 1871) ;

Le 27 mai, service anniversaire pour Monseigneur A. Surat, protonotaire apostolique, ancien archidiacre de Notre-Dame, mis à mort en haine de la foi (24 mai 1871) ;

Le 28 juin, service anniversaire pour Monseigneur Affre, archevêque de Paris, mort sur les barricades, en 1848 ;

Le 13 août, service anniversaire pour M. Fr. Tresvaux, chanoine titulaire de l'Eglise de Paris ;

Le 21 octobre, service anniversaire pour Son Eminence le cardinal de Périgord, archevêque de Paris ;

Le 4 novembre, service anniversaire pour les archevêques, chanoines et autres membres défunts du clergé de cette basilique ;

Le 5 novembre, service anniversaire pour les anciens fondateurs.

2° OFFICES DE LA PAROISSE

La paroisse de Notre-Dame figurait autrefois au rang des paroisses les plus importantes de la capitale. Malgré le nombre relativement restreint de ses paroissiens à l'époque actuelle, la cure de Notre-Dame conserve toujours son titre de cure de première classe. La paroisse de Notre-Dame compte aujourd'hui près de 5,000 âmes. Elle appartient au quatrième arrondissement de la ville de Paris, et occupe toute la Cité et la partie de la rive gauche de la Seine comprise entre la partie orientale de la place Saint-Michel et les quais Montebello et Saint-Michel. Depuis 1802, époque de sa restauration, on compte douze archiprêtres, au nombre desquels, M. Deguerry, Monseigneur Surat, Monseigneur Lecourtier et M. de Place.

M. l'abbé de Geslin, ancien curé de Saint-Médard, gouverne aujourd'hui la paroisse de Notre-Dame, puissamment aidé dans son double apostolat de zèle et de charité par ces MM. les vicaires, au nombre de trois.

MM. DE GESLIN, chanoine titulaire, archiprêtre,
    LÉGER, premier vicaire,
    PICOU, second vicaire,
    GOSSIN, vicaire.

ADORATION PERPÉTUELLE A NOTRE-DAME DE PARIS

Les exercices de l'adoration perpétuelle du Très-Saint-Sacrement ont lieu à Notre-Dame les 1er, 2 et 3 décembre. Ils se font tous les ans avec une solennité tout exceptionnelle. Voici en quels termes l'*Univers* rendait compte, l'an dernier de la cérémonie de clôture, l'une des plus belles et des plus imposantes de l'année :

« Dès sept heures, les membres des confréries du Saint-Sacrement et de la société de Saint-Vincent de Paul et des principales œuvres charitables de Paris, venus de tous les points de la capitale, s'empressaient de prendre place dans la nef de Notre-Dame, dont les bas-côtés étaient envahis par une foule nombreuse de fidèles. (On parle, tous les ans, de plusieurs milliers d'hommes accourus à l'appel du vénérable et pieux pontife, et plus encore emportés par le double esprit de foi et de piété.) A l'entrée, des cierges

étaient distribués aux hommes de toute condition qui se présentaient.

« L'autel et le sanctuaire étaient illuminés par
de nombreux candélabres disposés avec un goût
tout particulier et vraiment digne d'éloges ;
les grands lustres de la nef étaient en feu ; et
l'on peut évaluer à trois mille le nombre des
cierges allumés que les hommes tenaient en
main pour suivre la procession du Saint-Sacrement.

« L'ensemble de l'illumination était grandiose
et admirable. A huit heures, S. Em. le cardinal
archevêque de Paris, accompagné de MM. les
vicaires généraux, est venu se placer à son
trône ; et peu après, Mgr le coadjuteur, qui
devait porter le Saint-Sacrement, s'est rendu à
l'autel en habits pontificaux, assisté de deux
membres du chapitre, faisant les fonctions de
diacre et de sous-diacre. Les chants liturgi-
ques, dits à l'unisson, dirigés et très discrète-
ment accompagnés par M. le maître de chapelle,
ont commencé par le répons de pénitence :
Domine non secundum.

« La procession s'est mise en marche au
chant de la prose *Lauda Sion*, dite par les
masses d'une manière saisissante, alternativement avec le grand orgue. Les hommes mar-
chaient quatre de front, le cierge à la main, et

bientôt tout le pourtour de la basilique présentait comme une mer de lumière. M. l'archiprêtre et M. le maître des cérémonies avaient tout prévu, et tout s'est fait avec un ordre parfait.

« Mgr le cardinal archevêque, portant un cierge, marchait immédiatement après le Saint-Sacrement, entouré d'un grand nombre d'ecclésiastiques et de religieuses de divers ordres. Le chapitre métropolitain et d'autres ecclésiastiques en habit de chœur précédaient le dais. »

Ce sont là des souvenirs bien précieux pour un cœur véritablement chrétien et que le temps lui-même, ni les événements, quels qu'ils soient, ne peuvent jamais effacer.

« *Loué soit à jamais, béni et adoré Notre-Seigneur Jésus-Christ, au Très-Saint-Sacrement de l'autel !* »

CARÊME A NOTRE-DAME DE PARIS

Mercredi des Cendres. — A six heures et demie, première messe. A neuf heures, bénédiction et imposition des cendres par S. Em. Mgr le cardinal ou par Mgr le coadjuteur; grand'messe. A onze heures, la dernière messe, et à deux heures, l'office capitulaire (1).

____

(1) Avis. — Pendant tout le temps du carême, tous les

CONFÉRENCES DE NOTRE-DAME DE PARIS

Les conférences de Notre-Dame, si célèbres dans le monde catholique, remontent déjà à une certaine époque. Ce fut au commencement du carême de l'année 1835 que, sur l'invitation pressante de Mgr l'archevêque de Paris, le R. P. Lacordaire, restaurateur de l'ordre des Frères Prêcheurs, en France, inaugura les conférences de Notre-Dame de Paris, « une des plus grandes et des plus fécondes œuvres religieuses de ce siècle. » Jours glorieux où la vieille métropole, depuis trop longtemps endormie et déserte, se réveillait au bruit d'une multitude envahissant ses parvis, et tressaillait sous le souffle du *prophète nouveau;* jours de triomphe aussi pour la parole sainte. » Nous savons, en effet, l'effet irrésistible de cette parole surtout sur la jeunesse. Nouveau Paul, le

---

fidèles auront à cœur de répondre au désir de la sainte église, leur mère, et leur principale préoccupation pendant tout ce temps de grâces et de salut, sera de faire pénitence pour mieux se préparer à célébrer dignement les fêtes de Pâques. Le mandement de Son Em. Mgr le cardinal-archevêque de Paris, affiché aux entrées principales de la métropole, fait connaître aux fidèles le règlement du Carême.

N.) En vertu d'un indult du Souverain Pontife, et avec le consentement de Son Em. Mgr le cardinal archevêque de Paris, il est permis d'user d'aliments gras tous les samedis de l'année, excepté ceux où le jeûne est prescrit, comme les Quatre-Temps ou certaines veilles de fêtes.

Même privilége pour les trois jours des Rogations.

P. Lacordaire jetait fièrement le défi à toute gloire, toute puissance et toute grandeur. « La poésie, le dévouement, l'honneur, les gloires nationales, la patrie, la liberté, tous ces beaux noms animaient sa parole, s'inclinaient devant la vérité, la reine à tous, et lui formaient comme un cortége d'honneur. Mais ce qui fait par dessus tout le caractère propre de cette parole, la marque de sa mission providentielle et la plus haute raison de son succès, c'est d'avoir été une prédication sociale. Neuves, pleines d'enseignements saisissants et surtout d'à-propos, les conférences de Notre-Dame sont une date pour la prédication chrétienne, et cette date est en même temps celle d'un immense mouvement vers le bien (1). Jusqu'à cette époque, l'Eglise vivait dans un ostracisme gardé par la haine et le mépris ; la réconciliation commença au pied de la chaire de Notre-Dame. »

Le 12 février 1837, M. de Ravignan faisait sa première conférence à Notre-Dame. « La grande puissance de sa parole résidait en partie dans son action, dans sa personne tout entière. On sentait sortir de sa bouche une parole souverainement vraie, prêchée par une

---

(1) *Extrait de la Vie du R. P. Lacordaire*, par le R. P. Chocarne, de l'ordre des Frères Prêcheurs.

personne profondément convaincue, et la raison se soumettait de bonne grâce à l'autorité de la foi, sans penser même à la possibilité de la résistance. » Les grandes questions de la religion ont été successivement présentées par M. de Ravignan dans sa mission à Notre-Dame.

Vers la fin de novembre 1846, M. de Ravignan, épuisé de fatigues, renonçait à la chaire de Notre-Dame, « si noblement illustrée, pendant dix ans, par les prodiges de son zèle et les triomphes de sa parole. » Il fut remplacé dans cette importante mission par M. l'abbé Plantier, chanoine honoraire de Paris et de Belley, professeur à la Faculté de théologie de Lyon, mort depuis évêque de Nîmes. *Les Erreurs actuelles sur la religion*, tel fut le sujet de ces conférences. La même année, M. l'abbé Plantier donnait dans la même chaire, et pendant la station de l'Avent, d'autres conférences sur « *l'Eglise comme autorité doctrinale.* » L'année suivante, 1848, dans les conférences de la station de l'Avent, il montrait « *l'Eglise comme société divine.* » Ce fut à la bienveillance inappréciable de Mgr Affre, alors archevêque de Paris, que M. l'abbé Plantier dut cette faveur tout exceptionnelle. Sa nomination à l'évêché de Nîmes et les souvenirs nombreux qu'il a laissés de son brillant épiscopat nous donnent le dernier mot sur son incontestable talent.

En 1856, le R. P. Félix montait à son tour dans la chaire de Notre-Dame. Le R. P. Félix a puisé l'idée première de ses conférences dans sa mission elle-même.

« La chaire de Notre-Dame, on le sait, telle qu'elle fut élevée par Mgr de Quélen, et soutenue par ses dignes successeurs, est, pardessus tout, une apologie du christianisme devant les hommes du dix-neuvième siècle. Elle est un moyen de rapprochement et un point de contact entre le monde chrétien et un certain monde semi-païen, toujours vivant au milieu même du christianisme; elle est, enfin, comme une frontière lumineuse où beaucoup d'hommes de notre temps voient se lever pour eux les premières clartés d'une religion qu'ils ne connaissent plus. » Mais pourquoi donc cette grande question du *progrès par le christianisme* devient-elle l'objet unique de la grande mission du R. P. Félix? sinon « parce que l'idée du progrès est prise au cœur même du christianisme et du siècle tout ensemble, et que c'est la grande mission de l'apostolat catholique de mettre ce que le premier a de plus intime en face de ce que le second a de plus actuel, afin d'attirer sans cesse l'un vers l'autre, et par la puissance de la vérité, et par l'attrait des besoins. Envisager le christianisme au point de vue du progrès que ce siècle adore est une mission qui a bien sa valeur. Elle est d'autant plus grave et d'autant plus opportune qu'il règne toujours dans le monde savant et lettré je ne sais quel préjugé enraciné qui condamne le christianisme et le progrès à un antagonisme irrémédiable. » (1) En face de ce préjugé, en présence des progrès visibles du christianisme, le R. P. Félix a pris pour devise de son apostolat cette parole de saint Paul : « *Croissons de toute manière dans le Christ notre chef.* » (Eph. IV, 15.)

En 1871, époque à jamais désastreuse pour la France, le R. P. Ollivier, de l'ordre des Frères Prêcheurs, fut chargé des conférences à Notre-Dame... « La chose n'était pas facile, à cette heure de danger où la chaire était à l'ombre du drapeau rouge, et où le canon de la guerre civile faisait à chaque instant trembler les voûtes du temple et où l'on pouvait s'attendre, après chaque conférence, à passer de Notre-Dame à la Roquette... Dans cet immense effondrement et au milieu de cette indescriptible déroute, il n'y avait pour le prédicateur qu'un devoir : parler haut, frapper fort, et, s'il le fallait, mourir en jetant une dernière protestation à la face des criminels

---

(1) Introduction aux Conférences du R. P. Félix.

et des trembleurs. » Ce devoir, nous savons avec quel zèle et quel patriotisme le R. P. Ollivier l'a accompli! Ses conférences restent comme un monument de la puissance de la parole sainte en face des plus grands dangers.

En 1872, le R P. Monsabré, dont le nom seul fait aujourd'hui époque dans l'histoire de l'éloquence chrétienne, inaugurait, dans la chaire de Notre-Dame, cette série magnifique de conférences qui font, chaque année encore, l'admiration de tous ceux qui les lisent ou les entendent. On se rappelle avec bonheur son Avent de 1869. « En opposant les principes chrétiens aux principes du radicalisme, le R. Père ne faisait qu'affirmer les plus nobles et les plus saintes vérités, et son but était de prouver à son auditoire qu'il fallait être chrétien tout à fait, aussi bien dans la vie privée que dans la vie de famille et dans la vie publique, si l'on voulait éviter de voir se traduire, par des actes triomphants, les monstrueuses doctrines du radicalisme. » Avec l'amour du bien et de la vertu, l'éminent orateur voulait aussi « le salut de son pays. » L'année suivante, le R. P. Monsabré entrait dans la véritable voie de l'enseignement, faisant passer successivement sous les yeux de ses auditeurs chacune des vérités qui composent notre symbole catholique... Avec la doctrine de l'Eglise, saint Thomas est son guide : « L'enseignement de saint Thomas, qui exerçait déjà sur les esprits au moyen-âge un souverain empire, est accueilli de nos jours avec le même empressement et la même admiration par les auditoires chrétiens. Rien d'ailleurs de plus conforme au sens commun, rien de plus en harmonie avec les nobles aspirations de l'intelligence chrétienne... Que notre siècle revienne résolûment aux fortes doctrines, inévitablement il reviendra aux fortes mœurs et aux fortes institutions. » L'immense auditoire qui se réunit chaque année autour de la chaire de Notre-Dame, en affirmant les succès brillants du R. P. Monsabré, nous fait concevoir pour l'avenir les plus heureuses espérances.

Les conférences de Notre-Dame ont lieu, chaque dimanche de Carême, à 1 heure très précise ; elles sont presque toujours présidées par S. E. Mgr le cardinal, archevêque de Paris, ou par Mgr le coadjuteur. *A midi et demi*, messe basse au chœur, pendant laquelle les chœurs de la maîtrise alternent avec les fidèles. La messe est toujours suivie de la bénédiction du saint ciboire.

Pendant le temps des conférences, l'enceinte formée dans la nef est exclusivement réservée aux hommes. (On trouve des cartes pour le banc de l'œuvre chez le chaisier de la métropole.) (1)

STATION QUADRAGÉSIMALE DE LA PAROISSE DE NOTRE-DAME

En dehors des Conférences, qui attirent tous les catholiques de la capitale et du dehors, la paroisse de Notre-Dame a, comme toutes les paroisses de Paris, sa station particulière. Les instructions ont lieu les *dimanches, à trois heures et demie,* après l'office capitulaire, et les *mercredis, à sept heures et demie du soir.*

EXPOSITION DES RELIQUES INSIGNES DE LA PASSION

Les *vendredis*, depuis le vendredi qui suit le mercredi des Cendres, à *huit heures*, messe et instruction après l'évangile AU PETIT CHŒUR. A l'issue de la messe, la vraie croix est présentée à la vénération des fidèles.

Les *mêmes vendredis*, aussitôt après l'office du chapitre, c'est-à-dire vers *deux heures et demie*, sermon, bénédiction du Très-Saint-Sacrement et vénération des reliques insignes de la Passion.

N.) L'indulgence plénière attachée à l'exer-

---

(1) Voir Avis, page 6.

cice en l'honneur de la Passion de Notre-Seigneur Jésus-Christ et de la Compassion de la Très-Sainte-Vierge peut être gagnée dans l'église métropolitaine par les fidèles de toutes les paroisses indistinctement.

Avis. — Pendant la durée de l'Exposition, et à cause du grand nombre d'étrangers, les mêmes reliques sont exposées à la vénération des fidèles tous les vendredis, de *huit heures du matin à cinq heures du soir*, dans la chapelle de Saint-Georges, derrière le chœur.

HISTORIQUE DES RELIQUES INSIGNES DE LA PASSION CONSERVÉES AU TRÉSOR DE NOTRE-DAME

L'église métropolitaine de Paris possède aujourd'hui plusieurs portions différentes de la vraie croix, la sainte couronne d'épines et un saint clou. Leur authenticité, hâtons-nous de le dire, repose sur les témoignages les plus respectables et les plus dignes de foi.

1° *Vraie Croix.* — L'ancienne croix d'Anseau (ainsi nommée parce qu'elle avait été envoyée en 1109 à l'évêque et au chapitre de Paris, par un ancien chanoine de cette église, nommé *Anselle* ou *Anseau*, alors grand-chantre de l'église du Saint-Sépulcre, à Jérusalem), a disparu dans la tourmente révolutionnaire. Elle datait du douzième siècle et était enfermée dans une croix en cristal enchâssée dans une croix en argent et plus connue, à cette époque, sous le nom de Croix d'Anseau.

Quant à la *partie la plus considérable* que l'on possède aujourd'hui, elle provient de la riche collection des reliques de la Passion de Notre-Seigneur, qu'on voyait autrefois à la Sainte-Chapelle de Paris. (On sait que ce magnifique sanctuaire a été élevé par saint Louis pour ce précieux trésor.)

Cette relique a été envoyée à saint Louis par Baudoin II, alors empereur de Constantinople.

« Quoique considérablement réduit à la Révolution, ce morceau de la vraie croix est encore aujourd'hui un des plus gros morceaux connus. »

Après avoir passé au Trésor de Saint-Denis, sur l'ordre de Louis XVI, pour en éviter toute profanation, offerte en 1793 à la Convention par la municipalité de Paris et portée à la commission temporaire des arts, elle fut rendue, en 1804, par M. Jean Bonvoisin, peintre et membre de ladite Convention, et sa pieuse mère. En 1808, Mgr le cardinal de Belloy, alors archevêque de Paris, la faisait mettre dans le reliquaire où on la voit encore aujourd'hui.

« La longueur de la relique est de 225 millimètres, la largeur, 42 millimètres et l'épaisseur 27 millimètres. »

Le reliquaire, de cristal, a huit pouces et demi de long sur un pouce et demi de large. Il est à quatre faces et monté dans une garniture de vermeil qui en couvre les angles et les extrémités. Il est rempli tout entier par la sainte Relique.

La *Croix palatine*. — Ainsi appelée parce qu'elle appartenait autrefois à Anne de Gonzague de Clèves, princesse palatine, qui la laissa par testament à l'église de l'abbaye de Saint-Germain-des-Prés. Elle a la forme d'une croix à deux traverses; sa plus grande longueur est de 200 millimètres; la grande traverse mesure 90 millimètres et la petite 65. La largeur du bois est de 13 millimètres: elle paraît avoir en épaisseur au plus 2 millimètres 1/2. La croix-reliquaire était haute de 8 pouces, sans y comprendre son pied de vermeil de pareille hauteur, et orné de pierreries en plusieurs endroits.

Elle était bordée partout de diamants et d'améthystes.

Après avoir passé en plusieurs mains sûres à l'époque de la Révolution, elle fut remise, en 1827, à Mgr de Quélen, alors archevêque de Paris, qui en constata et confirma l'authenticité. Il fit placer cette précieuse relique dans

une riche croix de vermeil élégamment tra-
vaillée et fermée de deux cristaux, en sorte
que l'on peut très bien distinguer, d'un côté le
bois de la vraie croix, et de l'autre les anciennes
lames d'or dont elle est revêtue, ainsi que l'inscription grecque qui se lit sur le revers. Dans
le pied, un morceau des clous qui ont servi à
attacher Notre-Seigneur à la croix. La translation solennelle de cette relique à Notre-Dame
fut faite le 22 février 1828, jour de la fête des
Cinq-Plaies de Notre-Seigneur. On l'expose dans
le cours de l'année, aux fêtes principales de la
sainte Croix.)

2° *La sainte Couronne d'épines.* — « Cette
insigne relique, dit M. Rohault de Fleury, peut-
être la plus remarquable de celles que possè-
dent les chrétiens, à cause de son intégrité relative, nous vient de saint Louis. » Elle se
compose d'un anneau de petits joncs réunis en
faisceau. Le diamètre intérieur est de 21 centimètres. Les joncs sont reliés entre eux par
15 ou 16 attaches de joncs semblables. Un fil
d'or court au milieu des attaches pour consoli-
der ces précieux débris. Il ne reste plus d'épines : elles ont été envoyées par saint Louis à
plusieurs églises. Après la tourmente révolutionnaire, la sainte Couronne d'épines, qui
passa par les mêmes épreuves que les autres

reliques de la Sainte-Chapelle, fut reconnue par le cardinal de Belloy, qui la fit transférer en grande pompe à Notre-Dame, le dimanche 10 août 1806. « Elle est renfermée dans un anneau de cristal en six pièces, attachées par trois agrafes en bronze doré et par des fils de soie rouge, passant par des trous percés dans les rebords saillants du cristal, et formant une espèce de couture pour retenir les sceaux. »

3° *Le saint Clou.* — Le clou de Notre-Dame mesure 90 millimètres de longueur, il n'a pas de tête; sa pointe méplate est intacte. La forge en est grossière... Il faisait partie autrefois du trésor de Saint-Denis. Il vient de Charlemagne, qui le reçut de l'empereur Constantin V et le fit mettre à Aix-la-Chapelle, d'où l'empereur Charles le Chauve, son petit-fils, le fit transférer en France, avec d'autres reliques, et placer honorablement dans l'église de Saint-Denis. Lors de la Révolution, il fut présenté à la Commission temporaire des arts; sauvé de la profanation de 1793, il fut remis par M. Lelièvre, en 1827, à l'archevêché de Paris.

Placé dans un reliquaire de cristal, il fait partie aujourd'hui du trésor de Notre-Dame, avec la croix de la princesse Palatine. (*Rohault de Fleury.*)

SEMAINE DE LA PASSION

RETRAITE PAROISSIALE

Le lundi de la Passion, à sept heures et demie du soir, ouverture de la retraite paroissiale au *petit chœur*. Prière, cantiques, sermon et bénédiction du saint ciboire.

Tous les jours de la semaine, à huit heures du matin, messe au *petit chœur* avec méditation. Le soir, à sept heures et demie, mêmes exercices que le lundi.

Le dimanche des Rameaux, à la messe de huit heures, communion générale de clôture.

Semaine Sainte.

DIMANCHE DES RAMEAUX. — L'office du matin commence à neuf heures, sous la présidence de S. Em. le cardinal ou de Mgr le coadjuteur.

Aussitôt après l'aspersion de l'eau bénite, on fait, au chœur, la bénédiction des palmes et des rameaux et la procession.

« On porte à cette procession les rameaux qui viennent d'être bénits, en mémoire de ce que firent les disciples de Jésus lorsque leur divin

Maître entra en triomphe dans Jérusalem. L'Evangile nous les montre portant des palmes à la main, coupant des branches d'olivier pour en joncher le chemin que suivait le Sauveur.

« Mais, dans l'esprit de l'Eglise, ces palmes ont encore une autre signification. Elles sont le symbole des victoires que les chrétiens ont dû remporter sur leurs passions pendant la pénitence quadragésimale. Prions notre adorable Sauveur que ce symbole soit pour nous une réalité. »

Au retour de la procession, le sous-diacre frappe avec la croix la porte de l'église qu'il trouve fermée. « Cette cérémonie nous rappelle que c'est par sa croix que le Fils de Dieu a ouvert le ciel que le péché d'Adam avait fermé. »

A la messe solennelle, chant de la Passion avec les chœurs de la chapelle Sixtine.

A l'issue de la messe, le chapitre métropolitain porte solennellement de la grande sacristie à l'autel, destiné pour les recevoir, les reliques insignes de la Passion. (Cet autel est placé à l'entrée du chœur.) Les reliques demeurent exposées dans un reliquaire, véritable chef-d'œuvre d'orfévrerie religieuse (1), jusqu'après chaque exercice du soir.

---

(1) Maison Poussielgue-Rusand, à Paris.

RETRAITE PASCALE

La Semaine Sainte est consacrée presque tout entière aux exercices de la retraite pascale.

Les lundi, mardi et mercredi, à six heures et demie prière du matin, et première messe à l'autel des Saintes-Reliques.

A midi et demi, dernière messe.

A une heure, instruction de la *Retraite des dames* et bénédiction du très Saint-Sacrement.

A sept heures et demie, instruction de la *Retraite des hommes* par le R. P. Monsabré, l'illustre conférencier de Notre-Dame, précédée du *Miserere*, et suivie de la bénédiction du très Saint-Sacrement.

N. Le jeudi et le vendredi saints, aux mêmes heures, on continue les exercices de la retraite pascale. « Cette semaine de la retraite pascale, écrivait en 1870 le R. P. Félix, est toujours pleine d'une solennité grave. Elle est deux fois grande. On peut y voir tant de larmes couler, tant de sanglots soulever les poitrines, tant de consciences s'ouvrir, tant de cœurs s'attendrir ! Grandes et belles fêtes de l'apostolat catholique, où le Maître des âmes, vainqueur du péché, donne au missionnaire la joie d'embrasser ses frères réconciliés par la grâce et transfigurés par le repentir. » Quel spectacle ! quel enseignement ! quels souvenirs !

Mercredi-Saint. — A quatre heures, Ténèbres, chant des Lamentations.

Jeudi-Saint. — A neuf heures, office du matin, messe pontificale, consécration des Saintes-Huiles par S. Em. Mgr le cardinal. Tout le clergé et les fidèles communient à cette messe de la main du célébrant, en mémoire de la communion donnée par Notre-Seigneur Jésus-Christ à ses apôtres au moment où il instituait la divine Eucharistie.

A l'issue de la messe, procession solennelle au reposoir ; puis, récitation des Vêpres.

A une heure, sermon de charité pour les pauvres de la paroisse. La quête est faite par les sœurs de charité ; et ainsi après l'instruction de la Retraite des hommes.

A deux heures, après le sermon, cérémonie du Lavement des pieds et de la Cène par S. Em. Mgr le cardinal.

A quatre heures, Ténèbres et chant des Lamentations.

Vendredi-Saint. — A six heures et demie, exposition des Saintes-Reliques, suivie d'une méditation au tombeau.

A neuf heures, l'office et la messe des présanctifiés, présidés par S. Em. Mgr le cardinal, ou par Mgr le coadjuteur. A cette messe, chant de la Passion avec les chœurs de la chapelle Sixtine. Adoration de la croix par le clergé et par les fidèles.

A une heure, sermon de charité pour les pauvres malades.

Après le sermon, MM. les membres du chapitre métropolitain font vénérer les Saintes-Reliques. (Rien de beau et de touchant comme ce spectacle qui rappelle si bien les âges de foi. On évalue, chaque année, à plusieurs milliers le nombre des pieux visiteurs qui se succèdent sans interruption pendant plusieurs heures dans l'ordre le plus parfait et avec tout le respect qui convient à cette cérémonie.)

A quatre heures, Ténèbres, chant des Lamentations.

A sept heures et demie, exercice de la Retraite des hommes. Chant du *Stabat* et procession des Saintes-Reliques présidée par Son Em. Mgr le cardinal.

N.) Son Em. le cardinal-archevêque accorde aux fidèles qui assisteront à la procession, et à ceux qui, pendant cette sainte semaine, viendront vénérer les Reliques insignes et réciteront cinq *Pater* et cinq *Ave* avec un acte de contrition, quarante jours d'indulgence chaque fois.

SAMEDI-SAINT. — L'office du matin, à neuf heures.

Les cérémonies particulières à cet office sont :

La bénédiction du Feu nouveau ;

La procession avec le cierge triangulaire ;

Le chant de l'*Exultet* pour la bénédiction du cierge pascal. Le chant des prophéties.

La bénédiction des Fonts baptismaux. Après cette bénédiction, la procession rentre au chœur au chant des litanies ; enfin, la grand'-messe, qui se termine par de courtes vêpres spéciales à ce jour.

A trois heures et demie, Complies solennelles. Matines de Pâques, auxquelles Son Em. le cardinal officie pontificalement.

SAINT JOUR DE PAQUES. — A sept heures et demie, messe de communion générale des hommes, célébrée par Mgr le coadjuteur, assisté de Monsieur l'archiprêtre de Notre-Dame. Après la messe, exhortation par le R. P. Monsabré.

L'affluence à Notre-Dame, ce jour-là, est toujours la même. Chaque année, plusieurs milliers d'hommes, pris dans tous les rangs de la société, viennent, le jour de Pâques, s'agenouiller à la table sainte.

« Malgré les progrès de la libre pensée et les efforts du radicalisme, la même foule s'est retrouvée hier à Notre-Dame, chantant le même *Credo*, célébrant la même Pâque. Voilà vingt-cinq ans que cette manifestation se reproduit au milieu de la capitale, avec un élan toujours nouveau, et rien désormais n'y mettra fin que la persécution.

« La communion de Notre-Dame n'est pas le simple accomplissement du devoir eucharistique. Ce serait peu que la grande ville ne comptât que trois ou quatre mille hommes pour faire leurs Pâques. Mais ces quelques milliers de chrétiens, c'est une élite, et cette communion, c'est une profession de foi publique, une glorification solennelle de Jésus-Christ. La foule de Notre-Dame confesse hautement, en face de la politique et de la science que Jésus-Christ est Dieu et que l'Eglise est divine. Son concours est un grand acte de foi au milieu des blasphèmes, une réponse aux clameurs de l'impiété.

« Quel enseignement pour le monde!

« Quand, au bout de dix-huit siècles, il se trouve plusieurs milliers d'hommes, pris dans toutes les classes de la société, vivant de la vie commune, initiés à la science et à la raison de leur temps, qui se réunissent pour célébrer le double mystère de la résurrection et de l'eucharistie, ces hommes donnent par là au monde une preuve irrécusable de la divinité du Rédempteur. Si le christianisme n'était qu'une imposture ou qu'une fable, et la plus choquante des fables et la plus monstrueuse des impostures, il n'y aurait plus aujourd'hui ni mille hommes, ni dix pour y croire.

« C'est dans toute la solennité et la gravité des mystères, c'est avec l'élan le plus sincère de la foi, l'accent le plus ému des cœurs, que s'accomplit cette communion pascale, alors que les longues files de fidèles montent lentement vers l'autel, et en redescendent remplis de leur Dieu, au chant ininterrompu des hymnes eucharistiques.

« A ce seul fait, il est évident qu'une vertu divine soutient le christianisme. La persistance de la foi, humainement incompréhensible, est un argument qui détruit toutes les raisons de l'incrédulité, qui éclaire tous les doutes de la bonne foi. C'est là l'enseignement de la communion de Notre-Dame.

« Et cet acte, solennellement accompli à l'église cathédrale, se répétait le même jour dans toutes les églises de la ville, dans toutes les églises de la France et du monde chrétien.

Quelle preuve faut-il de plus de la divinité de l'Eglise ? »

(Extrait de l'Univers.)

Nota. D'après une autorisation expresse de S. E. Mgr le cardinal, cette communion sert à tous ceux qui y prennent part, pour l'accomplissement du devoir pascal, quelle que soit d'ailleurs la paroisse à laquelle ils appartiennent.

— A dix heures, procession et grand'messe solennelle célébrée par S. E. le cardinal. Après la messe, Bénédiction Papale, à laquelle est attachée l'indulgence plénière.

A deux heures et demie, vêpres, procession aux fonts baptismaux, complies, salut. (Sermon de clôture de la station quadragésimale pour la paroisse.)

Le *lundi de Pâques*, à 3 h., chapitre général présidé par Son Em. Mgr le cardinal-archevêque de Paris. On y traite tout ce qui regarde le culte extérieur à Notre-Dame.

ŒUVRES DE PIÉTÉ ET DE CHARITÉ

A NOTRE-DAME DE PARIS

1° *Confrérie du Très Saint Sacrement.* — Cette Confrérie, approuvée par S. E. Mgr le cardinal-archevêque de Paris (19 mars 1877), a

pour but « de rendre à Notre-Seigneur, au très
saint sacrement de l'autel, l'adoration, l'amour
et surtout la réparation qui sont dus à sa majesté sainte par l'imposant spectacle des processions. » Cette confrérie a pour supérieur M. l'archiprêtre, et pour directeur un de Messieurs
les vicaires de la paroisse. Tout catholique
fidèle aux devoirs de la religion peut être
membre de l'Association et est invité à en faire
partie, quelle que soit, d'ailleurs, la paroisse qu'il habite. Entre autres obligations, les
associés assistent à toutes les processions du
très saint Sacrement qui se font à Notre-Dame,
et, en particulier, à celle qui se fait le *premier
dimanche* de chaque mois. Les dames, membres
de la confrérie, font, chaque semaine, à l'heure
et au jour fixés, une demi-heure d'adoration
devant le Très Saint-Sacrement. Il serait à désirer
que le nombre des dames associées grandisse
tous les jours, et que l'on pût former à Notre-
Seigneur, présent au tabernacle, une garde
d'honneur nombreuse et dévouée! La fête patronale de la confrérie est fixée au dimanche de la
Fête-Dieu. La réunion mensuelle a lieu après
la procession du premier dimanche du mois.
(*Extrait du Règlement.*)

2° *Confrérie de Notre-Dame.* — L'origine de
cette Confrérie remonte à l'année 1870. On doit

son établissement au zèle de M. l'abbé Morisot, alors chanoine titulaire et archiprêtre de Notre-Dame. Monsieur le premier vicaire de Notre-Dame, est chargé actuellement de la direction de cette Confrérie. Le 14 août (1870) avait lieu la première séance de réception, et le lendemain, 15 août, fête de l'Assomption, un certain nombre d'associées se groupait déjà autour de la bannière de la Sainte Vierge pour prendre part à la *Procession du Vœu de Louis XIII.*

Le dimanche, 19 mars 1871, avait lieu la bénédiction solennelle de la nouvelle bannière (préservée par une protection toute visible de la très Sainte-Vierge, lors des derniers événements de la Commune).

Les réunions de la Confrérie se sont continuées, sans aucune interruption, jusqu'aujourd'hui. (Elles ont lieu tous les dimanches, après l'office de l'après-midi.)

Sans vouloir entrer ici dans d'autres détails du règlement, le but premier que l'on s'est proposé dans la fondation de cette Confrérie est de faciliter aux jeunes filles qui en font partie la persévérance dans le bien et les progrès dans la piété.

Un autre but non moins excellent est l'édification de la paroisse en prenant part aux processions et en donnant le concours de leur chant aux réunions paroissiales du Carême et du mois de Marie.

Nous apprenons avec bonheur de M. le vicaire directeur que ce double but a été atteint par 'a protection de Marie. Les jeunes filles qui font partie de la Confrérie de Notre-Dame, semblent avoir été jusqu'ici l'objet d'une protection toute spéciale de la Reine des cieux, et elles font l'édi-fication de la paroisse par leur bonne tenue, leur assiduité aux réunions, le zèle avec lequel elles s'efforcent de contribuer par leurs chants à la gloire de leur bonne Mère.

3° *Association de prières pour la bonne mort et le soulagement des âmes du Purgatoire.*—Il est établi, dans la paroisse Notre-Dame, une Asso-ciation de prières dans le double but de deman-der à Dieu la grâce d'une bonne mort et d'as-surer aux associés et à leurs parents défunts des prières et des suffrages pour leur déli-vrance du purgatoire.

Cette Association est placée sous le patronage de Notre-Dame des Sept-Douleurs et sous la protection de saint Joseph, patron de la bonne mort.

Le supérieur de l'association est M. l'archi-prêtre, et le directeur actuel, M. le deuxième vicaire de la paroisse.

Sans vouloir entrer dans d'autres détails plus intimes du règlement :

Le premier mercredi de chaque mois, il est célébré, le matin, à huit heures, dans la chapelle de Notre-Dame des Sept-Douleurs, une messe avec chants pour les âmes du purgatoire. Cette messe est accompagnée d'une méditation après l'Evangile.

Le troisième mercredi de chaque mois, une autre messe est dite à la chapelle de Saint-Joseph pour demander pour tous les associés la grâce si précieuse d'une bonne mort. Avant la messe, on fera connaître les malades qui auront été recommandés aux prières des associés.

Le quatrième dimanche de chaque mois, à l'issue des vêpres capitulaires, réunion de l'Association à la chapelle de Notre-Dame des Sept-Douleurs, vêpres des morts, instruction, chant du *De profundis* et bénédiction du Très Saint-Ciboire, après laquelle il est dit trois fois : *Pie Jesu, Domine, dona eis requiem.*

Enfin, chaque année, l'Octave des morts est célébrée avec toute la solennité possible. Tous les jours, le matin, messe accompagnée de chants et d'une méditation. Le soir, mêmes exercices que le quatrième dimanche du mois.

Le dernier jour de l'Octave, la messe solennelle est célébrée pour les associés et leurs parents défunts.

4° *Confrérie de Notre-Dame des Sept-Douleurs.* — En vertu de pouvoirs tout particuliers accordés à M. l'archiprêtre de l'église métropolitaine de Paris, à la date du 16 avril 1847, par Fr. Constantin-Marie Battini, alors prieur général de tout l'ordre des Servites de la bonne Vierge Marie, cette Confrérie est établie dans l'église métropolitaine de Notre-Dame de Paris. Le but de cette Confrérie est d'augmenter de plus en plus la dévotion, le culte et l'honneur envers la Très-Sainte Vierge Marie, Mère de Dieu, Notre-Dame-des-Douleurs. Puisse-t-elle rencontrer dans Paris de nombreux associés pour consoler le cœur de Marie et attirer sur notre beau pays de France toute sa protection.

5° *Œuvre des Pauvres.* — L'assistance spirituelle et corporelle des pauvres est l'objet, à Notre-Dame, d'une sollicitude toute particulière. Indépendamment des visites qu'ils reçoivent à domicile des dames et des sœurs de charité, ils sont convoqués chaque dimanche, à neuf heures et demie, dans la chapelle de Saint-Marcel, à des conférences religieuses faites sur les vérités principales de notre sainte religion. Cette Œuvre, toute de dévouement et de charité, est confiée à M. le troisième vicaire de Notre-Dame. Il devient, par le fait même, l'aumônier de cette partie si intéressante du groupe paroissial. L'instruction est suivie de la sainte messe. A dix heures et demie, à l'issue de la messe, une distribution de secours est faite aux personnes présentes par M. l'archiprêtre lui-même, ou, à son défaut, par M. le vicaire-directeur. Après le pain de l'âme, celui du corps.

Au nombre des œuvres paroissiales dont nous venons de parler, nous plaçons l'œuvre si belle et si encourageante des sœurs de Saint-Vincent de Paul, chargées, depuis quelques années, de la direction de l'asile et de l'école du quartier. Le nom de sœur de Saint-Vincent de Paul est synonyme de Charité : ce seul mot résume parfaitement tout l'éloge que nous pourrions en faire.

Mois de Marie. — Depuis quelques années surtout, le mois de Marie, à Notre-Dame, est célébré avec une solennité toute particulière. M. l'archiprêtre, dès son arrivée à Notre-Dame, heureux de développer dans ce magnifique sanctuaire le culte de Marie, obtint de S. Em. Mgr le cardinal, archevêque de Paris, l'autorisation de réveiller la dévotion des pieux fidèles pour l'antique sanctuaire de Notre-Dame. Un certain nombre de paroisses de la capitale se sont déjà rendues à sa pressante invitation, et, depuis deux ans bientôt, les pèlerinages de Paris à Notre-Dame, à l'époque du mois de Marie, rappellent cet âge de foi « où nos pères accouraient en foule aux pieds de Notre-Dame pour la supplier en faveur de l'Eglise et de la patrie. » Nous ne pouvons qu'applaudir à cet élan nouveau pour le culte de celle qui a toujours été et qui sera toujours la reine et la sauvegarde de la France.

Mois de saint Joseph. — Le mois de saint Joseph a, lui aussi, sa solennité toute particulière, et tous les ans, à cette époque, les pieux fidèles s'empressent autour de l'autel de celui qui fut autrefois le soutien de Marie et le confident du Sauveur. Les fleurs, symboles toujours vivants de la piété des enfants dévoués au saint patriarche, et les cierges, emblèmes de leur grande charité, forment autour de cet autel le plus bel ornement. Une neuvaine préparatoire à la fête de saint Joseph s'ouvre le 11 mars. Tous les jours de la semaine, le dimanche excepté, à huit heures, messe avec chants et exhortation après l'Evangile. A l'issue de la messe, récitation des litanies de saint Joseph.

Neuvaine à sainte Anne. — Comment, sainte Anne, mère de la très sainte Vierge, n'aurait-elle pas sa place dans ce magnifique sanctuaire élevé en l'honneur de Notre-Dame? Tous les ans, à partir du 18, s'ouvre la neuvaine préparatoire à la fête de sainte Anne, et dans la chapelle qui porte son nom. Les exercices sont les mêmes que pour la neuvaine à saint Joseph.

Fête patronale de l'Union des œuvres ouvrières catholiques. — Tous les ans, le jour de la fête du patronage de saint Joseph, l'Union des œuvres ouvrières catholiques, dirigée par Mgr de Ségur, célèbre à Notre-Dame de Paris sa fête patronale et annuelle, sous la présidence de S. Em. le cardinal archevêque de Paris ou de Mgr le coadjuteur. Un nombre considérable d'associés, près de trois mille, et une foule de pieux fidèles remplissent une partie des bas-côtés, la grande nef et les tribunes de la vieille basilique. Des ecclésiastiques venus en grand nombre, des religieux de divers ordres, des personnages de distinction, français et étrangers, remplissent les deux cents stalles du banc d'œuvre. L'œuvre des Cercles catholiques s'y fait représenter par quelques-uns de ses principaux membres.

« A l'aspect de cette masse imposante d'hommes de diverses conditions groupés autour de leurs nombreuses bannières, accourus pour affirmer leur foi et leur confiance en Notre-Sei-

gneur Jésus-Christ, et se recommander à l'in-
tercession de leur glorieux patron saint Joseph,
on ne peut se défendre d'une profonde émo-
tion, et on sent au fond de l'âme l'assurance
que, malgré toutes les menaces, les calomnies
et les triomphes actuels de l'impiété, la France
conserve encore, grâce à Dieu, une sève vitale
assez abondante pour se relever de l'abaisse-
ment où la réduisent les machinations multiples
et infernales des sociétés secrètes. »

Après le chant du cantique de l'œuvre par
la maîtrise alternant avec les fidèles, sermon
de circonstance. Aussitôt après le sermon, bénédiction de la foule par S. Em. le cardinal et
salut solennel. Aux mille lumières des lustres
du chœur et de la nef, la vieille basilique paraît,
ce soir-là, tout embrasée. C'est le ciel sur terre.
Il n'y a vraiment plus place que pour l'allégresse. Aussi, avec quel enthousiasme religieux
les associés de l'œuvre chantent-ils, en se retrou-
vant, ce refrain de leur union : « *Ecce quàm
bonum...* » Tout le monde emporte de cette
cérémonie le souvenir à la fois le plus précieux
et le plus durable. »

Fête annuelle des Cercles catholiques d'ouvriers.
— Les assemblées générales des Cercles catholiques font, tous les ans, leur clôture solennelle
à Notre-Dame. Il est bien juste de remercier

Dieu et Marie du développement extraordinaire et bien heureux de cette œuvre, appelée à faire dans le monde le plus grand bien.

De nombreuses délégations de la province se joignent tous les ans, pour cette fête, aux œuvres multiples de Paris. Rien de beau et d'imposant comme cette masse d'hommes, enrôlés sous la bannière de Jésus-Christ, rien de majestueux et de touchant comme ces chants mâles qui, se mêlant aux accents graves de l'orgue, remplissent les voûtes de l'immense basilique. Cette assemblée, toute de piété, est toujours présidée par Son Em. le cardinal ou par Mgr le coadjuteur. Après le sermon, Mgr l'archevêque donne la bénédiction papale suivie du salut solennel.

Notre-Dame, dans ces solennités exceptionnelles, retrouve les splendeurs de ses plus beaux jours.

L'Association générale des Enfants de Marie, sous la haute direction de dames patronesses, a aussi sa fête annuelle à Notre-Dame. Les détails nous manquant, nous ne pouvons, à notre grand regret, que la signaler à l'attention des pieux fidèles.

Nous rappellerons aussi la Société des *Sauveteurs*, qui célèbre également à Notre-Dame sa fête annuelle, ainsi que celle des *Artistes musiciens* (25 mars); tous les ans de nombreux artistes prêtent à cette fête leur bienveillant et intelligent concours.

Nous ne croyons pouvoir mieux faire, en terminant ce travail, que de le déposer aux pieds mêmes de celle en l'honneur de laquelle il a été composé, et que nous publions sous son saint patronage. Puisse Notre-Dame de Paris, pa-tronne de la France, le bénir, lui et son auteur! Puisse-t-elle aussi bénir et protéger tous ceux qui viennent la prier dans son magnifique sanc-tuaire!

Notre-Dame de Paris, priez pour nous!

A M. L'ABBÉ DE GESLIN

CHANOINE TITULAIRE, ARCHIPRÊTRE DE NOTRE-DAME DE PARIS

SOUVENIR DE NOTRE-DAME DE PARIS

INVOCATION A MARIE
Patronne de la France.

CHŒUR A DEUX VOIX ÉGALES OU SOLO, *ad libitum*

Avec accompagnement d'orgue ou de piano (1)

PAROLES M. L'ABBÉ CARDON
Chanoine honoraire de Soissons,
Aumônier du Lycée de Saint-Quentin.

MUSIQUE DE L'ABBÉ C. GEISPITZ
Mᵉ de chapelle de N.-D. de Paris,
Membre de la Société de l'Art chrétien.

CHŒUR

Vierge, au secours ! nous redoutons l'orage,
Veille sur nous, reine du firmament !
Déjà l'éclair sillonne le nuage,
La foudre gronde, écoute ! et le sol est tremblant.
Mère du Christ, patronne de la France,
De nos malheurs quand finira le cours ?
L'Eglise, en pleurs, attend sa délivrance,
Nous périssons sans toi, Vierge, au secours ! (*bis*).

---

(1) En vente à Paris, chez J. Hiélard, éditeur, 7, rue Laffitte ,
ou à Notre-Dame.

PREMIER COUPLET

A la Patrie en deuil, combien de fois propice,
Vierge, dans nos fléaux, tu pris pitié de nous !
Ton Fils, à ta prière, oubliant sa justice,
Dépose son tonnerre et calme son courroux.

Vierge, au secours ! etc.

DEUXIÈME COUPLET

Le faux sage blasphême, et la foule l'écoute ;
Le flambeau de la Foi s'obscurcit à nos yeux ;
L'homme a livré son âme aux ténèbres du doute,
Errant dans la nuit sombre il ne voit plus les Cieux.

Vierge, au secours ! etc.

TROISIÈME COUPLET

Vois-tu du Roi pasteur la détresse profonde ?
Ah ! fais lever sur lui l'aurore des beaux jours !
En face de l'erreur et sous le poids d'un monde,
Avec l'Eglise il pleure, il espère toujours.

Vierge, au secours ! etc.

QUATRIÈME COUPLET

Courbé comme Jésus sous la croix du martyre,
Le pauvre se console au pied de ton autel ;
Guéris le cœur souffrant que la douleur déchire ;
Si l'espoir l'abandonne, ah ! montre-lui le Ciel.

Vierge, au secours ! etc.

TABLE DES MATIÈRES

PREMIÈRE PARTIE

HISTOIRE

DEUXIÈME PARTIE

ARCHÉOLOGIE

Architecture, Peinture, Sculpture, etc.

TROISIÈME PARTIE

RELIGION

Paris — Imp. Nouv. (association ouvrière), 14, rue des Jeûneurs.
G. Masquin, directeur.

www.ingramcontent.com/pod-product-compliance
Ingram Content Group UK Ltd.
Pitfield, Milton Keynes, MK11 3LW, UK
UKHW021629170726
13836UKWH00005B/2123